SV

edition suhrkamp digital

»Die Weltwirtschaft wurschtelt sich in die Zukunft, von Krisen getroffen wie von Meteoriten aus dem All. Auf der Strecke bleiben die einfachen Menschen – und am Ende die Demokratie.«

Die Turbulenzen um Banken, Staatsschulden und den Euro verwirren Politiker, Journalisten und Bürger – es hat den Anschein, als sei Hysterie ein Rohstoff der Kasinoökonomie. Dabei sind viele Mythen im Umlauf: Wird Deutschland zum Zahlmeister Europas? Leben wir wirklich über unsere Verhältnisse? Oder hat die Krise ganz andere, komplexere Ursachen? Heiner Flassbeck wirft einen anderen und provokanten Blick auf das ökonomische Desaster, das Europa derzeit in Atem hält.

Heiner Flassbeck, geboren 1950, befasst sich seit Jahrzehnten intensiv mit Wirtschafts- und Währungsfragen. Er war 1998/1999 Staatssekretär im Bundesministerium der Finanzen, wo er sich für eine effektivere Regulierung der Finanzmärkte einsetzte. Seit 2003 ist er Chefvolkswirt der Welthandels- und Entwicklungskonferenz der Vereinten Nationen (UNCTAD). Mehr zur Person und aktuelle Stellungnahmen zu wirtschaftspolitischen Fragestellungen unter www.flassbeck.de.

Heiner Flassbeck

Zehn Mythen der Krise

Suhrkamp

edition suhrkamp digital
Erste Auflage 2012
© Suhrkamp Verlag Berlin 2012
Originalausgabe
Kein Teil des Werkes darf in irgendeiner Form
(durch Photographie, Mikrofilm oder andere Verfahren)
ohne schriftliche Genehmigung des Verlages reproduziert
oder unter Verwendung elektronischer Systeme verarbeitet,
vervielfältigt oder verbreitet werden.
Alle Rechte vorbehalten, insbesondere
das der Übersetzung, des öffentlichen Vortrags sowie der
Übertragung durch Rundfunk und Fernsehen,
auch einzelner Teile.
Umschlag gestaltet nach einem Konzept von
Willy Fleckhaus: Bureau Johannes Erler
Druck: Druckhaus Nomos, Sinzheim
Printed in Germany
ISBN 978-3-518-06220-3

3 4 5 6 7 8 – 17 16 15 14 13 12

Inhalt

VORWORT
Ökonomische Krisen und ihre Mythen

Gibt es eine ökonomische Krise, sind ihre Mythen nicht weit. Anders als in den Naturwissenschaften oder bei profanen, relativ ideologiefreien Berufen wie Bauingenieur oder Mediziner können der Ökonom und der von ihm beratene Politiker eine Krise nicht einfach vorurteilslos analysieren und daraus Schlussfolgerungen für angemessene Gegenmaßnahmen ziehen. Der traditionell denkende Wirtschaftswissenschaftler wie der dem Markt zugeneigte Politiker betrachten den Markt schon von vornherein als optimal funktionierenden Mechanismus. Deswegen gehen sie immer auf dieselbe eigentümliche Art und Weise vor, wenn sie mit einer Krise konfrontiert sind.

Für den »Mainstream-Ökonomen« stehen, anders als für den Naturwissenschaftler, die Ursachen von Schocks und Krisen, die man anhand objektiver Daten und mithilfe logischen Denkens ermitteln könnte, nicht im Vordergrund. Im Gegenteil: Sein Weltbild sagt ihm, dass er ohne große Umwege über die Faktenlage nach solchen Ursachen suchen sollte, die mit staatlichem Handeln im weitesten Sinne zu tun haben. Nach Problemen im Markt selbst zu suchen empfindet er als Zeitverschwendung, weil er ja weiß, dass der Markt effizient ist und nicht durch die Analyse eines Ökonomen verbessert werden kann. Der Mythos des unfehlbaren Marktes und des extrem fehlbaren Staates überlagert jeden Versuch einer objektiven Ursachenanalyse. Es ist, als würde ein Mediziner bei jeder Art von Krankheitsbild unterstellen, der innere Zustand des Patienten sei absolut perfekt, weshalb man sich auf die kleinsten äußeren Einwirkungen konzentrieren könne, statt die Symptome der Krankheit oder Wechselwirkungen im Körper zu untersuchen, um eine Diagnose zu stellen. Nur so ist zu erklären, dass die große Krise der Jahre 2008 ff., die auch 2012 längst nicht überwunden ist, bei den Wirtschaftswissenschaftlern nie zu einer ernsthaften Auseinandersetzung mit deren Ursachen geführt hat. Außerdem wurden Faktoren, die im weitesten Sinne mit dem Staat zu tun haben, von der Mehrzahl der Ökonomen und Politiker extrem übergewichtet. Der erfolgreichste Schnellschluss dieser Art war die Vermutung, die amerikanische Zentralbank mit ihrer leichten Geldpolitik sei die eigentlich Schuldige. In Windeseile verbreitete sich dieser Mythos über die ganze Welt, weil er so wunderbar in das Muster des fehlbaren Staates passte, der die unfehlbaren Märkte in die Verdammnis hineinzieht. Dass kurz darauf fast alle Zentralbanken der Welt zur Bekämpfung der Krise den vermeintlich ursächlichen Fehler, nämlich massive Zinssenkungen, wiederholten und sogar noch verstärkten, wurde kaum zur Kenntnis genommen. Hätte man genau das noch einmal getan, wenn es wirklich die Ursache gewesen wäre? Wieso kann man in ökonomischen Fragen die schlichte Einsicht beiseiteschieben, wonach ein Faktor, der für die Krise verantwortlich war, nicht unisono als wichtigste Medizin eingesetzt werden sollte?

Nachdem die Geldpolitik als Krisenursache ausgedient hatte, wurden die staatlichen Schulden als die »eigentliche« Ursache der Krise entdeckt. Aus der »Finanzkrise« wurde die »Schuldenkrise«. Das war zwar angesichts der Tatsache, dass die staatlichen Schulden eindeutig erst im Gefolge der Krise gestiegen waren, vollkommen absurd, stand aber im Einklang mit dem üblichen Mythos (Mythos III), was dazu führte, dass die vereinten Medien, die Politik und der Großteil der so genannten Wissenschaft diese Position rasch zur herrschenden Lehre machten. Besonders konsequent wurde in Europa die tiefe systemische Krise der Währungsunion zur Schuldenkrise einiger weniger südeuropäischer Länder umgedeutet. Für die deutschen »Umdeuter« hatte dies den zusätzlichen Vorteil, dass sie ihre Hände in Unschuld waschen konnten und über ihre eigenen Fehler nicht diskutieren mussten. Dass dabei die Währungsunion in ihrem Kern schwer beschädigt und ihrer Funktionsfähigkeit für die Zukunft vollständig beraubt wurde, gehört zu den Kollateralschäden der ideologischen Vorgehensweise, blieb aber in der öffentlichen und politischen Diskussion vollkommen außen vor. Eine intensive öffentliche Auseinandersetzung über den Sinn und Zweck einer Währungsunion war ja niemals – weder vor der Währungsunion noch kurz vor ihrem drohenden Ende – geführt worden, sollte wohl auch nie wirklich geführt werden.

Statt sich ernsthaft mit den Problemen auseinanderzusetzen, talkt sich die moderne Mediengesellschaft durch die Krise; man streift dabei zwar immer wieder einmal kurz die Oberfläche der Probleme, steigt dann allerdings, erschrocken ob der Abgründe, die man erblickt, sofort wieder in die warme ideologische Wolke auf. Geleitet wird die Mediengesellschaft dabei von einer Disziplin, die sich als Hohepriester des Glaubens an die Freiheit der Märkte versteht und diese ideologische Position mit Zähnen und Klauen, die Macht des Geldes allzeit hinter sich wissend, verteidigt. Nur Aufklärung, Entmythologisierung, kann hier eine Wende erzwingen.

Um erfolgreich zu sein, braucht die Aufklärung jedoch offenkundig die Krise. Erst wenn alle Versuche der herrschenden Lehre, die Grundlagen für erfolgreiches Wirtschaften wiederherzustellen, endgültig und grandios scheitern, hat die Aufklärung eine Chance. Dieser Augenblick könnte jetzt, wo die Hoffnung auf einen schnellen Aufschwung stirbt, gekommen sein. Eine Rezession mit steigenden Staatsdefiziten in einer Zeit, wo die Verminderung der Staatsdefizite oberstes Ziel aller Politik ist, schafft den Kairos für Entmythologisierung. Erst wenn alle Dämme brechen, hört man nicht mehr auf die Experten, die über Jahre erklärt haben, die Dämme seien absolut sicher.

MYTHOS I:
Finanzmärkte sind effizient und fördern unseren Wohlstand

Fast alle Ökonomen glauben, dass Finanzmärkte in der Regel effizient sind. Für effizient halten die Ökonomen einen Markt, der alle vorhandenen Informationen bei der Preisbildung berücksichtigt. Was aber sind alle vorhandenen Informationen? Schon hier ersetzt Fiktion das wirkliche Leben. Weit über neunzig Prozent aller Ökonomen dürften glauben,»alle Informationen« seien die Informationen, die alle Marktteilnehmer, sei es auf der Angebots- oder auf der Nachfrageseite, quasi mit sich herumtragen und mit deren Hilfe sie auf dem Markt ihr Angebot an Arbeit oder Gütern bzw. ihre Nachfrage nach beidem entfalten. Das ist ein schönes Modell. Man sieht förmlich die Marktteilnehmer vor sich, wie sie auf einem festlich geschmückten mittelalterlichen Platz hin und her gehen um herauszufinden, wie viel Nachfrage es heute für ihre Produkte gibt oder welchen Preis sie für die von ihnen gewünschten Güter und Dienstleistungen zahlen müssen.

Leider ist das schöne Bild nur ein Märchen. Es ist bereits auf vermachteten Arbeitsmärkten fundamental falsch, wo die Unternehmen bei hoher Arbeitslosigkeit die Löhne diktieren und nicht aushandeln. Es ist allerdings auch auf vielen Güter- und Dienstleistungsmärkten falsch, wo nicht reiner Wettbewerb die Preisbildung beherrscht, sondern wenige Unternehmen um die»Marktführerschaft« kämpfen oder den Kuchen gar unter sich aufteilen. Geradezu grotesk falsch ist es dann allerdings auf den Finanzmärkten, wo mit Informationen über die Zukunft gehandelt wird. Da wir nun mal keine verlässlichen Informationen über die Zukunft haben, sondern einzeln oder im Kollektiv raten, ist schon die Aussage, es gäbe so etwas wie»alle vorhandenen Informationen«, eine massive Irreführung.

An Finanzmärkten macht man in der Regel nicht dadurch Gewinn, dass man Dinge erwirbt, die man für den eigenen Lebensunterhalt oder die eigene Produktion braucht und verbraucht, sondern dadurch, dass man bestimmte Vermögenstitel (*assets*) günstig ein- und zu einem höheren Preis wieder verkauft. Ob es dabei um Anteilsscheine an Unternehmen, an Häusern, an Rohstofferlösen oder an Währungen geht, ist unbedeutend. Der Akteur will ja nichts verbrauchen, sondern das gekaufte Papier nur an einen anderen Akteur weiterverkaufen (beide treffen Entscheidungen über ihren Vermögensbestand, nicht eine Verbrauchs- oder Produktionsentscheidung, die unmittelbar ihr Einkommen in der laufenden Periode berührt). Zudem macht es im Prinzip keinen Unterschied, ob man Papiere hält, deren Wert steigt, wenn das dem Papier zugrunde liegende *asset* an Wert gewinnt oder deren Wert dadurch steigt, dass ein *asset*, gegen dessen Wertverlust man sich versichert hat, an Wert verliert, wie bei den mittlerweile zu notorischer Berühmtheit gelangten *credit default swaps*.

Der Preis eines Vermögenstitels, etwa einer Aktie, steigt aber auf modernen Finanzmärkten, an denen enorme Mengen liquider Mittel zum Einsatz kommen, nicht dann, wenn es angesichts der Fundamentaldaten eines Unternehmens geboten wäre, sondern genau dann, wenn viele Finanzmarktteilnehmer überzeugt sind, dass der Preis dieser Aktie steigen wird, oder wenn sie an eine allgemeine Hausse am Aktienmarkt glauben. Die Informationen, die man braucht, um an diesem Markt erfolgreich zu sein, sind folglich nicht Informationen über die individuellen fundamentalen Bedürfnisse oder Leistungen der Marktteilnehmer, sondern Informationen über die Informationen, die voraussichtlich die Erwartungen der Masse der Marktteilnehmer in ihrer Kaufentscheidung leiten werden.

Genau an dieser Stelle bricht das Dogma der effizienten Märkte in sich zusammen. Es ist nun nämlich rational, Vermögenstitel an einem Markt nur deswegen zu kaufen, weil man erwartet, dass andere das Gleiche tun werden – selbst wenn man eigentlich der Überzeugung ist, dass sich die Fundamentaldaten, die dem Vermögenstitel zugrunde liegen, verschlechtern. Kommt es zu einer solchen Herdenbildung, produziert der Finanzmarkt systematisch falsche Preise, da diese mit Angebot und Nachfrage an den realen Märkten nichts mehr zu tun haben. Herdenbildung ist aber der Normalfall an den »Märkten«, und folglich sind die Preise dauerhaft verzerrt.

Der Punkt, den weder die Politiker noch die Ökonomen verstehen, ist dabei eigentlich trivial: An Finanzmärkten, wo von allen Teilnehmern die gleichen Informationen ausgewertet und bewertet werden, ist Herdenbildung absolut rational. Weil die Herde dadurch Gewinne machen kann, dass alle in die gleiche Richtung rennen, muss der normale Marktteilnehmer folgen, will er nicht unter die Hufe kommen. Den berühmten einsamen Wolf, der gegen die Herde wettet, mag es ab und an geben, er spielt aber quantitativ keine Rolle. Die sich selbst erfüllenden Erwartungen der Herde und die falschen Preise kann er niemals verhindern. Deutlicher als an allen anderen Märkten wird das bei Währungsspekulationen sichtbar, wo die Herde die Wechselkurse nachweislich über Jahre gegen die Fundamentaldaten (also vor allem die Preis- und Zinsdifferenzen) und damit in die falsche Richtung bewegen kann. Das richtet fürchterlichen Schaden in der Realwirtschaft an, weil ganze Sektoren der Wirtschaft quasi über Nacht ihre weltwirtschaftlichen Positionen räumen und ihre Arbeiter entlassen müssen. Island und Ungarn sind jüngere Beispiele für dieses Muster, das seit dem Ende eines globalen Währungssystems und unter dem Diktat des Marktes eine Spur der Verwüstung um die Erde gezogen hat. Aber auch an Rohstoffmärkten, einschließlich der Märkte für Grundnahrungsmittel, lassen sich solche Herdenphänomene mit all ihren negativen Folgen aufzeigen. Der Anstieg der Rohstoffpreise und die darauf folgenden Revolten in vielen Ländern sind ein eindrückliches Beispiel dafür (Flassbeck 2010; UNCTAD 2011).

Die Mainstream-Ökonomen und die Politik haben sich über diesen Punkt, der für das Dogma der immer richtigen Preise tödlich ist, mit leichter Hand hinweggesetzt. Sie haben schlicht behauptet, der Markt stabilisiere die Preise der Vermögenstitel. Ein Preis oberhalb oder unterhalb des Gleichgewichtspreises führe dazu, dass jeweils andere Marktteilnehmer kaufen oder verkaufen, weil sie erwarten, dass der Preis wieder zum Gleichgewichtspreis zurückkehrt. Das aber ist falsch, weil niemand den Gleichgewichtspreis kennt, weshalb auch niemand den unbekannten Gleichgewichtspreis stabilisieren kann. Die realen Märkte können ihn nicht bilden, weil sie zu unbedeutend sind, und die Finanzmärkte können ihn nicht finden, weil die Teilnehmer dort ihre Entscheidungen auf der Basis von Informationen über das Verhalten der blinden Herde treffen.

Man kann die Fehlfunktion der Finanzmärkte auf die einfache Formel bringen, dass normale Märkte Knappheit beseitigen, also zu Preissenkungen tendieren, während Finanzmärkte Knappheit schaffen, also zu Preiserhöhungen tendieren. An einem normalen Markt wird ein Investor belohnt, wenn er als Erster eine Knappheit in Gestalt »zu hoher Preise« erkennt und beseitigt; an den Finanzmärkten hingegen wird der Investor belohnt, dem es gelingt, möglichst viele »Investoren« in einen Markt zu locken und damit Preiserhöhungen in Gang zu setzen. Seine Kunst ist es nur, als Erster wieder auszusteigen, also rechtzeitig zu deinvestieren.

MYTHOS II:
Die Regierungen haben erkannt, dass sie handeln müssen

Diesen Mythos wollen wir gerne glauben, weil wir ja immer noch vermuten, demokratisch gewählte Regierungen fühlten sich verpflichtet, die großen Probleme in ihrem Verantwortungsbereich zu verstehen und zu bewältigen. Doch genau das ist ein Irrtum. Die Regierungen sind selbst Teil des Verdrängungskomplexes, den ich oben schon geschildert habe. Regierungen bzw. die darin handelnden Personen haben ihre eigenen Vorurteile, stehen unter dem massiven Druck der Lobbys und sind immer in erheblichem Maße abhängig von der Position, die der Großteil der »Experten« in einer bestimmten Frage einnimmt. Regierungen, und zwar insbesondere wenn sie in Foren der internationalen Kooperation wie die EU oder die G20 eingebunden sind, tendieren dazu, nur das minimal Nötige zu tun, um eine Krise zu beenden oder um zumindest den Anschein zu erwecken, sie hätten etwas getan, um die Probleme in den Griff zu bekommen.

Das gilt auch für die Krise des Jahres 2008, die das Potenzial hatte, schon unmittelbar nach ihrem Ausbruch zur größten Krise des Kapitalismus überhaupt zu werden, wenn man nicht in einem kurzen lichten Moment erkannt hätte, dass man den Sturz in eine neue Große Depression nur mit Mitteln verhindern konnte, die bis dahin mit dem Bannfluch »Keynesianismus« belegt waren. Zwar hatte man diese Lehre vom aktiven Staat für endgültig überwunden gehalten, als in den Regierungszentralen jedoch Panik ausbrach, stellte man fest, dass es tatsächlich kein anderes Mittel gab, um das Feuer zu löschen. Zweieinhalb Jahre später, als sich im Sommer 2011 zeigte, dass die Weltkonjunktur erneut auf eine Rezession zusteuerte, war das freilich alles schon wieder vergessen, und das Dogma des Schuldenabbaus dominierte trotz der bedrohlichen Krisensignale.

Während also hinsichtlich der Bekämpfung der Rezession, die der Finanzkrise folgte, rasch übereinstimmende Konsequenzen in Form keynesianischer Finanzpolitik (also Anregung der Konjunktur über höhere Ausgaben oder geringere Einnahmen bei insgesamt höherer Verschuldung der Staaten) gezogen wurden, verblieb die Bekämpfung der eigentlichen Ursache der Krise, nämlich des Herdentriebs an den Finanzmärkten, im Verbalen. Zwar wurde allenthalben die zu große »Risikobereitschaft« der Investmentbanker und Hedgefonds-Manager beklagt, doch bereits im Frühjahr 2009 wurde diesen wieder erlaubt, an den entscheidenden Spekulationsmärkten neue Blasen aufzupumpen. Als diese im Sommer 2011 zu platzen begannen, war plötzlich wieder von Bankenrettung die Rede, weil die Scheinerträge der beiden Vorjahre, die so heftig bejubelt worden waren, wie Schnee in der Frühlingssonne schmolzen und damit offenlegten, dass im Hinblick auf eine Neustrukturierung des Finanzwesens nichts geschehen war.

Eine ernst zu nehmende und breite politische Diskussion darüber, welche Schäden diese Wetten, also das permanente Zocken der Herden aufgrund der dadurch verzerrten Preise für die Gesamtwirtschaft erzeugt, gibt es bis heute nicht einmal im Ansatz. Von »Regulierung« oder gar »Re-Regulierung« wird gesprochen, aber höchstens in dem Sinne, dass man bereit ist, etwas Sand ins Getriebe der Märkte zu werfen. Darüber, ob diese wirtschaftliche Aktivität einen gesellschaftlichen Nutzen stiftet, der es rechtfertigen könnte, das von ihr für die Allgemeinheit zweifellos ausgehende Risiko hinzunehmen, redet allerdings niemand. Von der Erkenntnis, dass diese Märkte gesellschaftlichen Schaden anrichten, weil sie den Grund für ihren krisenhaften Zusammenbruch selbst durch das Herdenverhalten schaffen, ist die Politik meilenweit entfernt.

Das zeigt das Muster der systematischen politischen Nicht-Bewältigung solcher ökonomischen Vorgänge deutlich auf: Die Politik sowie die »Wissenschaft« springen unmittelbar und eher intuitiv auf harmlose oder politisch wenig brisante Nebenkriegsschauplätze, um dort publikumswirksam Aktionismus zu demonstrieren, während die eigentliche Misere links liegen gelassen wird. Und in der Tat, warum sollte ein Politiker, der für vier Jahre gewählt ist, sich die Bewältigung einer Herkulesaufgabe auf die Fahnen schreiben, die vermutlich zehn oder zwanzig Jahre in Anspruch nehmen und damit seine politische Existenz bei Weitem überdauern würde? Ist es da nicht rationaler, sich auf eher randständige, in der Öffentlichkeit aber als bedeutend verkaufte Aspekte zu konzentrieren und dabei Aktionismus in der Hoffnung an den Tag zu legen, dass populistisches oder rein symbolisches Handeln die Wiederwahl sichert und im Übrigen alles schon irgendwie weitergehen wird?

Um ein neueres und extremes Beispiel zu nennen: Die G20, also die Gruppe der größten Industrie- und Entwicklungsländer, hat es geschafft, im November 2011 auf die Herausforderung volatiler, kurzfristiger Kapitalströme mit einer Aufforderung an die Entwicklungsländer zu reagieren, die darauf hinausläuft, ihre Kapitalmärkte auszubauen, also zu vertiefen. Das ist aber geradezu eine Einladung an die Kapitalströme und würde das Problem, die Überbewertung der Währungen vieler Entwicklungsländer, noch verschärfen. Dass sich zur gleichen Zeit ein Industrieland mit sehr tiefem Kapitalmarkt, die Schweiz nämlich, der Kapitalzuströme nur durch eine extreme Intervention der Zentralbank zu erwehren wusste, wurde von den G20 nicht einmal zur Kenntnis genommen. Nur mit dieser Neigung zum Marginalismus ist es zu erklären, dass die Weltwirtschaft im Jahr 2012 in Gefahr ist, in die sage und schreibe zehnte große Finanzkrise der letzten dreißig Jahre[1] zu schlittern, ohne dass man bei der Analyse der Ursachen auch nur einen Millimeter weitergekommen wäre.

MYTHOS III:

Die Staatsschulden sind die eigentliche Ursache der Krise

Zum skizzierten Muster der bewussten oder unbewussten Nicht-Problemlösung passt, dass drei Jahre nach dem Beginn des Prozesses, der zum kompletten Zusammenbruch des Weltfinanzsystems hätte führen können, die staatlichen Schulden immer stärker als die »eigentliche« Ursache in den Vordergrund gerückt werden – und zwar nicht nur für die Euro-, sondern auch für die globale Finanzkrise.[2] Das ist zwar in beiden Fällen in der Sache vollkommen abwegig (Grafiken 1 und 2), weil sich glasklar nachweisen lässt, dass die Eurokrise andere Ursachen hat (siehe Mythos V) und dass weltweit die Schulden eindeutig erst nach dem Ausbruch der Finanzkrise und wegen der von ihr ausgelösten Rezession sowie der Rettung von Banken gestiegen sind.

Aber das Muster dieser Scheinanalyse ist politisch und ideologisch einfach unschlagbar attraktiv. Es verschafft dem Politiker sozusagen ein einfaches Ziel für sein politisches Handeln, es erspart ihm die Auseinandersetzung mit komplexen Sachverhalten und anderen wirtschaftlichen Gruppen, und es gibt ihm eine politische Botschaft an die Hand, die er seinen Wählern quer durch alle Schichten einfach und überzeugend erklären kann.

Hinzu kommt, wie oben schon erwähnt, dass Staatsschulden den großen »Vorteil« haben, die Schuld wieder dem Staat in die Schuhe schieben und den Markt reinwaschen zu können, weshalb dieser Mythos perfekt zu den Programmen aller konservativen und liberalen Parteien passt. Zusammen mit dem bereits viel früher etablierten Dogma, nach dem Steuererhöhungen für alle Zeiten *verboten*, Steuersenkungen jedoch jederzeit *geboten* sind, erzwingt der Mythos so das permanente Kürzen staatlicher Ausgaben, was natürlich darauf hinausläuft, den vom Staat abhängigen, weniger begüterten Teil der Bevölkerung noch weiter zu

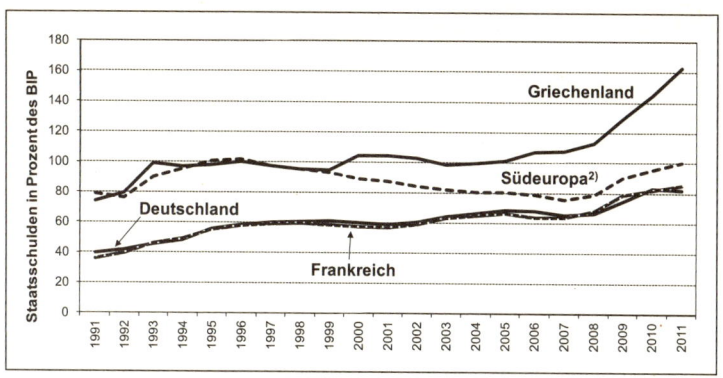

Grafik 1: Staatsschulden[1] in Europa

Anmerkungen: [1] Schuldenstand des Staates in Prozent des Bruttoinlandsprodukts; [2] Italien, Spanien, Portugal.
Quellen: AMECO Datenbank (Stand: 11/2011); Werte 2011: Schätzung der EU-Kommission.

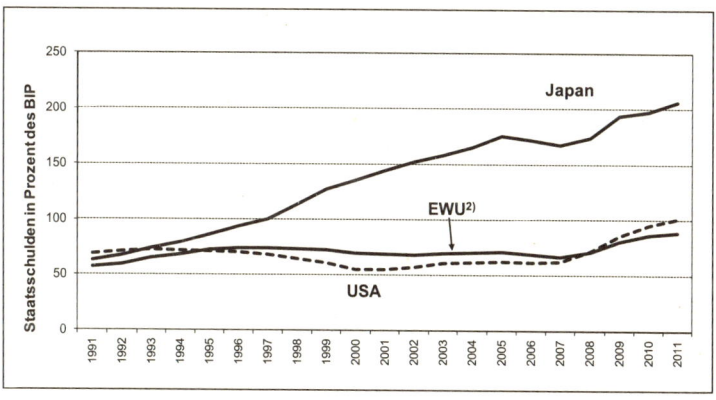

Grafik 2: Staatsschulden im internationalen Vergleich[1]

Anmerkungen: [1] Schuldenstand des Staates in Prozent des Bruttoinlandsprodukts; [2] zwölf Länder: Belgien, Deutschland, Finnland, Frankreich, Griechenland, Irland, Italien, Luxemburg, Niederlande, Österreich, Portugal, Spanien.
Quellen: AMECO Datenbank (Stand: 11/2011); Werte 2011: Schätzung der EU-Kommission.

schwächen. Während also die gewählten Volksvertreter den staatlichen Institutionen den Schwarzen Peter zuschieben, bleiben alle anderen Regelungen zur Bändigung der Finanzmärkte oder zur Behebung wirtschaftspolitischer Schwachpunkte vage. Und die Krisenursachen selbst geht niemand effektiv an. So bildet beispielsweise die deutsche Forderung nach einer in der Verfassung verankerten »Schuldenbremse« für alle Länder der Eurozone den Höhepunkt dieser Verdrängungsstrategie.

Was diejenigen, die solch einfachen Mustern – aus welchen Gründen auch immer – folgen, jedoch bei Weitem unterschätzen, sind die systemischen Wirkungen, die ihr undifferenziertes, allein gegen den Staat gerichtetes Handeln zeitigt. Es ist keine Übertreibung zu sagen: Sie zerstören die Grundlagen für eine funktionierende Marktwirtschaft. Nehmen wir ein einfaches Beispiel: Der gute deutsche Haushaltspolitiker sorgt für die Zukunft vor, indem er spart und den Gürtel enger schnallt, wenn es einmal schlecht läuft. Er wird unterstützt von vielen, die fest daran glauben, dass buchstäblich jeder seine Ausgaben und Einnahmen ausbalancieren muss. Das ist aber sogar im Lichte der herrschenden ökonomischen Lehre falsch. Wenn in einer Wirtschaft investiert werden soll – und in welcher sollte nicht investiert werden? –, würde selbst diese Lehre sagen, man müsse unbalanciert vorgehen, einer müsse also sparen, sprich: weniger ausgeben als einnehmen, und ein anderer müsse sich verschulden, um zu investieren.

Suggeriert man den Bürgern jedoch, dass sie zwar sparen dürfen, die anderen aber gleichwohl ihre Einnahmen und Ausgaben ausgleichen sollen, dann ist dies gefährlicher Unsinn, weil man damit ein Rezept verordnet, das zwingend darauf hinausläuft, dass die Wirtschaft in einer schweren Rezession und einer immerwährenden Schrumpfung versinkt.[3] Genau diese Botschaft von den bösen Schulden und dem guten Sparen aber wird Abend für Abend verbreitet – angefangen beim Börsenexperten vor der ersten Nachrichtensendung, über die Anchormen der Nachrichtenmagazine bis in die letzte Talkshow. Der Bürger, der sich gerne informieren möchte, wird mit einem schrecklichen Gebräu aus wirtschaftlichem Halbwissen und ideologisch vorgekochter Brühe übergossen, dem er niemals entkommen kann. Jeder, der versucht, mit ein wenig Rationalität dagegenzuhalten, gibt schnell auf oder passt sich an, weil man nur so in die Talkshows eingeladen wird, die die Verkäufe der eigenen Bücher und die Honorare für Vorträge wie nichts anderes hochschnellen lassen.

Wenn es in einer Volkswirtschaft allerdings ohne Schulden nicht geht, weil irgendjemand immer spart, kann man auch den Staat nicht einfach via Schuldenbremse aus der Verantwortung nehmen. Wenn der Staat sich nicht verschuldet, die privaten Haushalte aber sparen, muss man eine Wirtschaftspolitik betreiben, bei der die Unternehmen gezwungen sind, sich zu verschulden und in Sachanlagen zu investieren. Die deutsche Wirtschaftspolitik ist jedoch genau auf das Gegenteil ausgerichtet: Sie fördert die Unternehmen bei jeder Gelegenheit mithilfe der Steuerpolitik massiv und verschafft ihnen Gewinne, die nicht erst am Markt über mühsame Sachinvestitionen verdient werden müssen. Da die Lohnpolitik (der autonomen Tarifpartner, aber unter erheblichem politischen Druck) in den letzten fünfzehn Jahren durch massive Lohnzurückhaltung versucht hat, den Unternehmen besonders hohe Profite zuzuschanzen, hat sich Deutschland in die nur absurd zu nennende Lage manövriert, dass auch die Unternehmen als Gruppe sparen, also höhere Gewinne machen, als sie investieren. Sie sind damit nicht mehr, wie noch zu Zeiten des deutschen Wirtschaftswunders, der wichtigste Gegenpart zum privaten Sparen.

All dies wäre noch hinzunehmen, wenn der Allgemeinheit oder wenigstens der Politik bewusst wäre, dass in dieser Lage logischerweise nur noch ausländische Unternehmen und Konsumenten dafür sorgen können, dass deutsche Sparwünsche nicht sofort in die Rezession führen (vgl. dazu ausführlich die Ausführungen zu Mythos V unten). Doch weit gefehlt: Gerade weil das Ausland in hohem Maße verschuldet ist und die Grenzen seiner Verschuldungsfähigkeit erreicht hat, wird es von Deutschland beschimpft und bei der Kreditvergabe, die das deutsche Modell am Leben erhält, mit Bedingungen überzogen, die in vielen Ländern neue Armut und früher oder später einen Aufstand der Massen provozieren werden.

MYTHOS IV:
Wir leben über unsere Verhältnisse

Nichts prägt in diesem Kontext das Denken des Bürgers mehr als das Bild der sprichwörtlichen schwäbischen Hausfrau. Konsequenterweise hat Frau Merkel genau damit die Finanzkrise erläutert. Merkels »Wir leben über unseren Verhältnissen« reflektiert nicht nur die vorherrschende Mentalität, die Schulden als unsolide und bedrohlich ansieht, sondern auch das noch viel tiefer gehende Gefühl, dass auf Zeiten des Überflusses notwendig (mindestens sieben) magere Jahre folgen, in denen man zwar den Gürtel enger schnallen muss, gleichzeitig aber auf den Pfad der Tugend zurückfinden kann. Es ist dieses Bauchgefühl, das einerseits der grünen und generell wachstumskritischen Bewegung ihre konservative Basis schafft und das andererseits den Keynesianismus (»durch neue Schulden einen Wachstumsschub auslösen oder zumindest einen Wachstumseinbruch verhindern«) auch bei »Linken« oder in diesem Sinne »Fortschrittlichen« zu einer dubiosen oder gar verhassten Lehre macht. Ganz zu schweigen von denen, die das »System« ohnehin überwinden wollen und daher alle erfolgreichen Reparaturen am Kapitalismus als Rückschritt empfinden.

Das aber ist ein grandioses Missverständnis. Keynesianismus, oder besser: das gesamtwirtschaftliche Denken in keynesianischer Tradition, ist notwendiges theoretisches Handwerkszeug zum Verstehen und Beherrschen jeder Art von wirtschaftlichem System, in dem wir (»die Mehrheit«) leben wollen. Daher ist die Verweigerung dieses Denkens irrational. Wer Technologien und die Wissenschaft nutzen möchte, dabei aber gleichzeitig sagt, er lehne die Mathematik als Technik zur Analyse und Lösung von Problemen grundsätzlich ab, würde sicher als Spinner oder hoffnungsloser Fall betrachtet. Wer jedoch auf der Berücksichtigung von Fakten und gesamtwirtschaftlichen Zusammenhängen als absolut unumgänglicher Technik zur Korrektur des notwendigerweise fehlerhaften einzelwirtschaftlichen Denkens beharrt, gilt bei den »Rechten« als links und bei den »Linken« entweder als rechts oder als unverbesserlicher Fortschrittsfetischist.

Das lässt sich an keinem Beispiel besser veranschaulichen als an den »Verhältnissen«, unter denen wir nun einmal zu leben haben. Die Verhältnisse in unserer Welt sind eigentlich ganz einfach: Die Menschen auf der ganzen Welt produzieren unter günstigen Umständen mithilfe von Kapital eine bestimmte Menge von Gütern und Dienstleistungen. Diese Menge ist das Einkommen, das der Gesellschaft insgesamt zur Verfügung steht. Jenseits von Verteilungsfragen ist offensichtlich, dass sie dieses Einkommen auch verwenden sollte, weil sonst Güter, die unter erheblichen Anstrengungen und unter Einsatz knapper Ressourcen produziert wurden, auf Halde lägen und verdürben. Folglich würde in der nächsten Periode nicht erneut die gleiche Menge an Waren oder Dienstleistungen produziert, sondern vermutlich eine geringere. Die hergestellte Menge an Gütern und Dienstleistungen begrenzt aber selbstverständlich die Möglichkeiten dieser Gesellschaft nach oben, weil mehr, als produziert wurde, nicht verbraucht werden kann. In diesem Sinne wird eine relativ rational arbeitende Gesellschaft sich immer genau an ihre Verhältnisse anpassen. Beides, der Versuch, unter den eigenen Verhältnissen zu leben, ebenso wie der Versuch, darüber zu leben, sind insofern keine vernünftigen Optionen.

Und dennoch geschieht auf der Ebene der Nationalstaaten beides laufend. Einige Länder leben fast immer unter ihren Verhältnissen, andere nahezu permanent darüber. Nun ist es angesichts der Verhältnisse zwingend, dass der, der weniger verbraucht, als er produziert (also unter seinen Verhältnissen lebt), demjenigen, der mehr verbraucht, temporär die Verfügungsrechte über seine ersparten Ressourcen einräumen muss, weil sonst die Rechnung nicht aufgehen kann. Der eine gibt einen Kredit, und zwar in der Hoffnung, der andere werde in der Zukunft in der Lage sein, den Kredit zurückzuzahlen. Wobei Zurückzahlen wiederum zwingend heißt, dass derjenige, der bisher Defizite (in seiner Leistungsbilanz, wie die Ökonomen sagen) hatte, in Zukunft Überschüsse haben muss, weil er bei andauernder neuer Nettokreditaufnahme ja niemals etwas zurückzahlen kann.

In welchem Sinne aber kann man im Lichte so einfacher Überlegungen die Tatsache deuten, dass ein Land wie Deutschland in seiner Geschichte fast immer Überschüsse in seinem Außenhandel aufwies, also unter seinen Verhältnissen lebte, während andere fast immer über ihren Verhältnissen lebten? Die USA etwa hatten in den vergangenen zwanzig Jahren regelmäßig Defizite in der Größenordnung von mindestens fünf Prozent ihres Gesamteinkommens (des Bruttoinlandsprodukts, das mittlerweile bei deutlich mehr als zehn Billionen US-Dollar liegt) und bauten eine entsprechend hohe Verschuldungsposition gegenüber dem Ausland auf. Wer jedoch niemals Defizite akzeptiert und sogar seine Überschüsse mit Zähnen und Klauen verteidigt, muss eigentlich wissen, dass dann ein Großteil der Ressourcen, die er anderen zur temporären Verfügung überlassen hat, endgültig für ihn verloren ist, weil er selbst ja nicht erlaubt, dass die anderen in eine Position gelangen, in der sie zurückzahlen könnten.

Noch absurder wird es – und hier sind wir mitten in der Eurokrise (vgl. Mythos V) –, wenn man als Gläubiger den Schuldner-Ländern scharfe Restriktionen auferlegen will, um sie zu zwingen, sich besser an ihre Verhältnisse anzupassen, während man selbst seine Überschüsse verteidigt. Eine solch paradoxe Situation kann man sich als normal und vernünftig denkender Mensch kaum vorstellen. Wir haben es hier aber beileibe nicht mit einer Fiktion, sondern mit harter Realität zu tun. Im Falle der Schulden und der Entschuldung der Entwicklungsländer ist schließlich genau das immer wieder passiert, man hat die Rückzahlung erwartet und gleichzeitig verhindert. Und nun exerziert Deutschland diese Haltung im Rahmen der Europäischen Währungsunion gegenüber den südeuropäischen Ländern vor, ohne eine Sekunde über diesen Irrsinn nachzudenken.

Dafür gibt es offenkundig keine rationalen Gründe. Ein solches Verhalten der Politik kann man nur mit Ideologie oder der Dummheit der dahinterstehenden Wissenschaft erklären – oder mit beidem zugleich. Dafür spricht eindeutig, dass diese Zusammenhänge auch achtzig Jahre nachdem Herr Keynes sie für den Fall der deutschen Reparationen nach dem Ersten Weltkrieg durchdekliniert und vor den politischen Folgen eindringlich gewarnt hat, noch immer nicht Einzug in den Kanon der herrschenden Ökonomie gefunden haben und bis heute nicht an den Universitäten gelehrt werden. Déjà-vu: Wenn eine Einsicht den mikroökonomischen Horizont durchstößt und/oder zentrale Dogmen infrage stellt, wird sie ignoriert, selbst wenn das extrem hohe Kosten für die Gesellschaft mit sich bringt.

Der eingeschränkte mikroökonomische Horizont ergibt sich hier aus der Tatsache, dass aus einzelwirtschaftlicher Sicht ein ähnlich stringenter Zusammenhang zwischen Gläubiger und Schuldner einfach nicht besteht. Der Schuldner kann seine Position meist konsolidieren, ohne jemals den Markt und den Einflussbereich des Gläubigers zu berühren. Gesamtwirtschaftlich ist das praktisch niemals möglich. Das Dogma, gegen das hier verstoßen wird, ist der Freihandel und der sich dort automatisch ergebende Ausgleich zwischen den komparativen Vorteilen des einen und des anderen (vgl. Flassbeck 2010).

MYTHOS V:

Es gibt gar keine Eurokrise, Europa ist wegen der zu hohen Staatsschulden einiger kleiner Länder in der Krise

Die Eurokrise ist sozusagen der Höhepunkt der Verdrängung der Ursachen der Krise bzw. der Geiselnahme derselben durch die herrschende Politik und einer Form ihrer Umdeutung, die in eine Katastrophe führen muss. Wer glaubt, sich mit ideologisch geleiteter Brachialgewalt über die Ursachen von Krisen einfach hinwegsetzen zu können, muss langfristig scheitern, weil er einfach immer das Falsche tut.[4]

Wieder begegnen wir dieser Kombination von Unwissen und Vorurteil, die keinen Widerspruch duldet. Der einmal eingeschlagene Weg soll konsequent zu Ende gegangen werden, selbst wenn alle Mauern einstürzen. Von Anfang an stand die Europäische Währungsunion (EWU) unter einem verhängnisvollen Stern, weil sich Deutschland darauf kaprizierte, den Staatsschulden unter den Kriterien, die für eine Mitgliedschaft qualifizierten, den mit Abstand wichtigsten Rang einzuräumen. Das ist in der Sache durch nichts gedeckt, weil es keinen engen Zusammenhang zwischen Staatsschulden und Inflation gibt. Eine Währungsunion ist aber zuvorderst eine Inflationsgemeinschaft. Länder geben die Möglichkeit, nationale Geldpolitik zu betreiben und ein nationales Inflationsziel zu verfolgen, auf, weil sie glauben, gemeinsam in einem großen Markt die geldpolitischen Instrumente effektiver einsetzen zu können, und weil bei der Inflationsrate Abweichungen von den wichtigsten Handelspartnern auf Dauer ohnehin nicht sinnvoll sind.

Sowohl die absolute Höhe der Staatsschulden als auch die laufende Verschuldung beeinflussen die Inflationsrate eines Landes nur auf verschlungenen Wegen und auf eine quantitativ nicht nachweisbare Weise. Doch das zählt in der Politik ja nichts, wenn man sich einmal darauf eingeschossen hat, im Zuge einer Währungsunion noch ganz andere Ziele zu erreichen, etwa das generelle Zurückdrängen des Staates oder die Begrenzung der »unsoliden« staatlichen Schulden. Der einzig klar nachweisbare Zusammenhang ist der zwischen dem allgemeinen Kostenniveau einer Volkswirtschaft und dem Preisniveau bzw. dessen Entwicklung. Setzt man die Entwicklung der Löhne ins Verhältnis zur Entwicklung der jeweiligen nationalen Arbeitsproduktivität (das Ergebnis sind die sogenannten Lohnstückkosten), lässt sich Inflation sehr gut erklären. Grafik 3 zeigt einen über 60 Jahre hinweg äußerst stabilen Zusammenhang. Dass dieser glasklare Zusammenhang, zudem mit eindeutiger Kausalität von den Löhnen hin zu den Preisen versehen, systematisch von der herrschenden Lehre in der Volkswirtschaft ausgeblendet wird, zeigt besser als alles andere, wie dogmatisch die Kader der Neoklassik und des Neoliberalismus ausgerichtet und abgeschottet sind (vgl. Flassbeck/Spiecker 2007). Sich bei der systematischen Eindämmung der Inflation in Europa auf diesen Zusammenhang zu berufen hätte aber gleich gegen mehrere Dogmen verstoßen. Neben dem Zurückdrängen des Staates und seiner Schulden galt es vielmehr, die Bedeutung des Geldes für die Inflation und die zentrale Rolle der Unabhängigkeit der Zentralbank festzuschreiben. Die Unabhängigkeit der Zentralbanken ist seit Beginn der siebziger Jahre ein zentraler Glaubensgrundsatz des neoliberalen Gedankengutes geworden, weil sie auf eine Entstaatlichung des wichtigsten wirtschaftspolitischen Instruments, also des Zinsniveaus, hinauslief. In der Folge wurde der entscheidende Zusammenhang, der kausal naheliegende und auch statistisch eindeutige Zusammenhang zwischen Lohnstückkosten und Inflation, der allein den Erfolg einer Währungsunion garantieren kann, weitgehend ignoriert.

Exkurs: Die deutsche Währungsunion
Ein ähnliches Muster kann man bei der deutsch-deutschen Währungsunion erkennen, die nur wenige Jahre zuvor und

keineswegs mit durchgreifendem Erfolg über die Bühne gegangen ist. Auch hier verweigerte sich die Politik genau so lange einer konsequenten Ursachenanalyse der Deindustrialisierung Ostdeutschlands, bis es ihr in den Kram passte. Auch damals bestand das zentrale Problem im Auseinanderlaufen der Wettbewerbsfähigkeit der beiden Regionen, weil Ostdeutschland mit einem extrem hohen Wechselkurs in die Union gestartet war und sehr schnell versuchte, eine Lohnangleichung zustande zu bringen (vgl. dazu ausführlich Flassbeck/Spiecker 2007).

Das Auseinanderlaufen der Lohnstückkosten zwischen Ost und West war für die deutsche Politik in den ersten Jahren nach dem Fall der Mauer aber überhaupt kein Thema, weil man ja fest davon überzeugt war, die Tatsache, dass es in Ostdeutschland nun eine Marktwirtschaft gab, würde ganz automatisch alles andere überspielen. Dass auch Marktwirtschaften Schocks ausgesetzt sein können, die sie bei Weitem überfordern, wurde konsequent verdrängt. Das Wirtschaftswunder war das Modell, und jeder Einwand kam entweder von Vaterlandsverrätern oder von Ewiggestrigen, die dem Sozialismus nachtrauerten.

Erst als man im Jahr vier oder fünf der Vereinigung nicht mehr leugnen konnte, dass die »blühenden Landschaften« nach wie vor eher Steppen waren, mussten Schuldige gefunden werden. Genau da entdeckte man die Divergenz bei den Lohnstückkosten, die sich, in D-Mark gerechnet, zwischen den beiden Landesteilen ergeben hatte. Da bot es sich an, auf die Gewerkschaften einzuschlagen, die es in einem selbstzerstörerischen Akt auf sich genommen hatten, die rasche materielle Vereinigung, die der Staat trotz der vielen Hilfen nicht forciert hatte, durchzusetzen. In der Folge entwickelte sich die Wettbewerbfähigkeit in Ost- und Westdeutschland dramatisch auseinander, ein Trend, der in der weitgehenden Deindustrialisierung Ostdeutschlands endete. Doch trotz der zeitweiligen »Einsicht« in die Problematik eines solchen Auseinanderlaufens zog man daraus für das Experiment der europäischen Währungsunion nicht den naheliegenden Schluss, dass solche Differenzen bezüglich der Wettbewerbsfähigkeit der Regionen vermieden werden müssen.

Wenn man den zentralen Zusammenhang, um den es bei einer Währungsunion geht, ignoriert und sich auf Nebenkriegsschauplätzen austobt, ist das Scheitern vorprogrammiert (vgl. Flassbeck 1997; Flassbeck/Spiecker 2005). Dass es der globalen Finanzkrise bedurfte, um das zu Tage treten zu lassen, ist nur »eine ironische Fußnote«, ein Aperçu der Geschichte. Da das Scheitern unvermeidlich war, ist der Anlass allerdings zweitrangig. Weil Deutschland in völliger Verkennung der Bedingungen in einer Währungsunion sofort nach dem Inkrafttreten der entsprechenden Verträge anfing, das gemeinsam festgelegte Inflationsziel in dem Versuch zu unterlaufen, durch Lohnsenkungen seine Wettbewerbsfähigkeit voll gegen die europäischen Partner auszuspielen, die sich nun nicht länger über die Abwertung ihrer Währungen wehren konnten, war die Währungsunion sozusagen von der ersten Stunde an auf dem Pfad in den Untergang.

Deutschlands fester Glaube, es könne die Währungsunion nutzen, um im Wettkampf der Nationen endlich zu punkten, verletzte nicht nur den Geist der unterschriebenen Verträge, sondern auch die allgemeinen Regeln eines fairen internationalen Austauschs von Gütern und Dienstleistungen, in denen schon seit den fünfziger Jahren festgelegt wurde, dass sich Nationen im Fall fundamentaler außenwirtschaftlicher Ungleichgewichte auch mit protektionistischen Mitteln wehren können.

Anders als es die beliebte Legende besagt, war es zu Beginn des neuen Jahrhunderts aber gerade nicht die gleichsam »natürliche« deutsche Wettbewerbsfähigkeit durch hohe Produktivität, die nun voll zum Tragen gekommen wäre, sondern ein politisch inszeniertes Lohndrücken, das – welche Paradoxie – erstmals in der deutschen Geschichte von einer rot-grünen Regierung mit letzter Konsequenz durchexerziert wurde. Man muss die Chronique scandaleuse der Agenda 2010 und von Hartz IV nicht noch einmal vorführen, das Ergebnis spricht für sich. Während die Produktivität pro Stunde in Deutschland von 1999 bis 2011 jährlich um 1,2 Prozent stieg (was weder historisch noch im gesamteuropäischen Maßstab ein besonders guter Wert ist), stiegen die Reallöhne (inflationsbereinigte Nominallöhne pro Stunde) nur um 0,7 Prozent (Grafik 4). In Frankreich, um nur das am wenigsten bekannte Beispiel zu nennen (es gibt nur für wenige Länder überhaupt Zahlen je Stunde), stiegen die Reallöhne mit 0,8 Prozent etwas stärker als die heimische Produktivität, und die Wettbewerbsfähigkeit gegenüber Deutschland verschlechterte sich erheblich. Die Lohnstückkosten zeigen dieses dramatische Auseinanderlaufen und zugleich, dass Frankreich gegenüber Deutschland massiv an Boden verlor, obwohl es alles richtig machte.[5]

Auf diese Weise verschaffte sich Deutschland einen Wettbewerbsvorsprung, der im Verlauf von zehn Jahren dazu führte, dass hierzulande produzierte Waren oder Dienstleistungen zwischen 25 Prozent (gegenüber Südeuropa) und 20 Prozent (gegenüber Frankreich) billiger sind als vergleichbare Produkte dieser Länder. Das ist natürlich ein unhaltbarer Zustand und muss zu einem Auseinanderbrechen der Währungsunion führen, weil kein Land der Welt gegenüber seinem wichtigsten Handelspartner einen solchen Rückstand bei der Wettbewerbsfähigkeit gutmachen kann, wenn die Option der Wechselkursänderung nicht zur Verfügung steht, wie das zum Beispiel gegenüber aufholenden Schwellenländern der Fall ist. Unlösbar wird die Situation, wie oben schon erwähnt, wenn der wichtigste Handelspartner sich prinzipiell weigert, einen Verlust eigener Marktanteile hinzunehmen. Dass die anderen ihre Wettbewerbsfähigkeit ebenfalls ohne Probleme über Lohnsenkungen (im Jargon der Deutschland-Verteidiger wird das inzwischen »interne Abwertung« genannt) wiederherstellen könnten, ist ebenfalls eine Lüge, weil das in tiefer Rezession enden würde und einem klaren Verstoß gegen das gemeinsam festgelegte Ziel einer leicht positiven Inflationsrate gleichkäme.

Jenseits vieler wichtiger Details, die ich an anderer Stelle dargelegt habe (vgl. Flassbeck 2009, 2010), ist für das Verständnis der Zusammenhänge entscheidend, dass Deutschland sich diesen Vorsprung gerade nicht – wie fast alle Deutschen glauben – erarbeitet, sondern quasi erschlichen hat. Hätte Deutschland von Anfang an darauf bestanden, eine geringere Inflationsrate anzustreben (etwa weil man, wie viele SPD Politiker es heute behaupten, den Chinesen Paroli bieten musste), hätte man es den Partnern in der

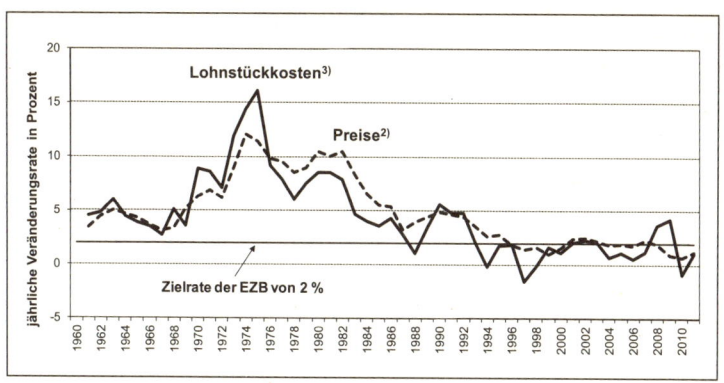

Grafik 3: EWU-Länder[1]: Lohnstückkosten bestimmen Preise

Anmerkungen: [1] Zwölf Länder: Belgien, Deutschland, Finnland, Frankreich, Griechenland, Irland, Italien, Luxemburg, Niederlande, Österreich, Portugal, Spanien; [2] Deflator des Bruttoinlandsprodukts; [3] Bruttoeinkommen in ECU bzw. Euro aus unselbstständiger Arbeit je Beschäftigtem dividiert durch reales BIP je Erwerbstätigem, wo möglich auf Basis von Vollzeitäquivalenten. Quellen: AMECO Datenbank, Statistisches Bundesamt (Stand: 11/2011); eigene Berechnungen.

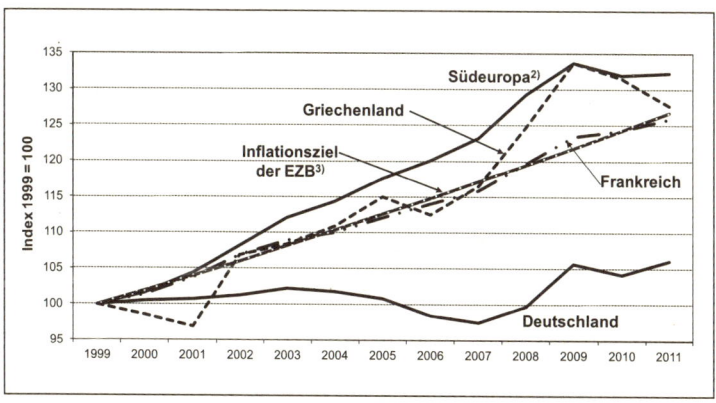

Grafik 4: Lohnstückkosten[1] in Europa

Anmerkungen: [1] Index der gesamtwirtschaftlichen Lohnstückkosten 1999 = 100; [2] Italien, Spanien, Portugal; [3] Preisanstieg von zwei Prozent. Quellen: AMECO Datenbank, Statistisches Bundesamt (Stand 11/2011), eigene Berechnungen; Werte für 2011: Schätzungen der EU-Kommission.

31

Währungsunion sagen und ein anderes Inflationsziel anstreben müssen. Wer aber eine Nominallohnsteigerung von jährlich nur 1,6 Prozent realisiert, während die Produktivität um 1,2 Prozent steigt, will nicht eine Inflationsrate von zwei Prozent erreichen, sondern deutlich darunter bleiben.

Mag die Tatsache auch von allen Kommentatoren und »Experten« ignoriert werden, es ist unbestreitbar, dass Deutschland stärker als alle anderen Länder gegen das gemeinsam festgelegte Inflationsziel verstoßen hat. Man hatte sich auf eine Inflation von *leicht* unter zwei Prozent geeinigt und nicht auf *beliebig* weit unter zwei Prozent. Hätte man allen Partnern offen gesagt, es gehe vor allem um einen Zugewinn an Wettbewerbsfähigkeit, hätte man ein Inflationsziel von weit weniger als zwei Prozent festlegen und argumentieren müssen, die Preise dürften nur um ein Prozent oder überhaupt nicht steigen, um die Wettbewerbsfähigkeit nicht zu gefährden. Dann wäre den anderen Ländern heute in der Tat der Vorwurf zu machen, sich nicht genügend angestrengt zu haben. Ein Inflationsziel von zwei Prozent zu beschließen, das zudem das historische deutsche Inflationsziel war, dann aber darunter zu bleiben und hinterher Begründungen zu erfinden, warum man darunter bleiben musste, es den Partnern aber nicht sagen konnte, ist lächerlich und politisch gemeingefährlich. Es wird der Punkt kommen, an dem die anderen das deutsche Machtspiel nicht mehr akzeptieren und Deutschland deswegen offen an den Pranger stellen werden.

Anfang November 2011 hat Deutschland seinen Machtpoker auf die Spitze getrieben, indem es von der EU-Kommission verlangte, bei der Beurteilung makroökonomischer Ungleichgewichte auf die kritische Evaluierung der Überschussländer zu verzichten. Die Begründung liefert die Kommission in einem Brief an den Vorsitzenden des ECOFIN-Rates (zitiert in Müller 2011). Im Mittelpunkt steht die Aussage, es könne ja kein wirtschaftspolitischer Fehler sein, wenn ein Land seine Wettbewerbsfähigkeit verbessere, man habe sich ja schließlich in der sogenannten Lissabon-Strategie darauf geeinigt, die Wettbewerbsfähigkeit ganz Europas zu verbessern. Das ist schon deswegen falsch, weil man die Verhältnisse zwischen Ländern mit eigener Währung nicht einfach auf das Verhältnis von Ländern mit einer gemeinsamen Währung übertragen kann. Es ist aber auch falsch, weil Wettbewerbsfähigkeit immer ein relatives Konzept ist. Dass das stimmt, kann man ganz einfach daran feststellen, dass niemand die Aussage für sinnvoll hielte, die Welt als Ganzes habe ihre Wettbewerbsfähigkeit verbessert. Daraus wiederum folgt, dass der Gewinn des einen an Wettbewerbsfähigkeit der Verlust eines anderen ist – je enger der Verbund der beiden über den Handelsaustausch, umso klarer ist das. Wenn man aber nicht sicher sein kann, dass sich beide an die Regeln gehalten haben, oder wenn die Regeln selbst unklar sind, kann man nicht einfach festlegen, der Gewinner habe alles richtig gemacht, weil er ja der Gewinner ist. Wenn der Gewinner jedoch solche Entscheidungen mit Gewalt durchsetzt, zerstört er die Grundlagen für gemeinsames Handeln und gegenseitigen Handel, weil er damit die Fairness, die jedes kooperative Verhalten voraussetzt, mit Füßen tritt. In Europa kann ein solches Verhalten des größten Landes nur zu vollständiger Desintegration führen, bei der die Verlierer schließlich aus der Eurozone ausscheiden müssen, ihre Währungen drastisch abwerten und den übermächtigen Gewinner mit diesem letzten Pfeil, der ihnen noch geblieben ist, ins Herz treffen. Es ist tragisch, aber konsequent: Wer einmal die Logik auf dem Altar der eigenen Ideologie geopfert hat, verliert damit auch die Urteilskraft, um den eigenen Untergang zu verhindern.

MYTHOS VI:

Ganz unabhängig von den Ursachen: Die Staaten müssen sparen

Bevor sich der Kreis unserer Mythen mit der Behandlung der europäischen Krise wieder schließt, gilt es drei Mythen zu behandeln, welche die europäische Problematik überlagern und das unbefangene Denken ganz enorm behindern. Fast alle Menschen und Politiker glauben nämlich *erstens*, dass der Staat mit dem Aufnehmen neuer Schulden etwas grundsätzlich Unanständiges tut, weil er dadurch die zukünftigen Generationen belastet; sie glauben *zweitens*, dass man ohne Schulden auskommen kann, und *drittens*, dass Inflation eine Folge übermäßiger Geldvermehrung ist.[6]

Bei der ersten Überzeugung handelt es sich schon deswegen um einen Mythos, weil Schulden ja auch im privaten Bereich die Vermögenssituation nicht belasten, wenn mit dem geliehenen Geld Vermögenstitel erworben werden. Wenn ich ein Haus auf Kredit kaufe oder der Staat auf Kredit eine Schule baut, werden die künftigen Generationen gerade nicht belastet, sondern man versucht, mithilfe der heute zur Verfügung stehenden Kaufkraft, also der Ersparnisse anderer Gruppen, und – was man nicht vergessen darf – neu geschaffenen Geldes, die Situation der Kinder oder zukünftiger Generationen generell zu verbessern, indem man ihnen eine Infrastruktur und andere reale Vermögensgegenstände (die Ökonomen sprechen hier von einem Kapitalstock) überlässt, aus dem man hohen Nutzen ziehen bzw. mit dessen Hilfe man ein hohes Einkommen erzielen kann.

Dieser Glaube ist aber selbst dann fundamental falsch, wenn der Staat das geliehene Geld nicht investiert, sondern für den Konsum verwendet. Hinter jedem geliehenen Euro steht nämlich eine Forderung gegen den Staat, die sich in den Händen eines privaten Haushalts oder eines Unternehmens befindet. Wann immer der Staat seine Verschuldung erhöht, muss er ja jemanden finden (einen privaten Haushalt in der Regel, in Krisenzeiten auch die Notenbank), der ihm einen Teil seiner Ersparnisse zur Verfügung stellt, der also nicht konsumiert in der Hoffnung, jemand werde sich das Ersparte leihen und ihm einen vernünftigen Zins bezahlen. Wenn aber die Forderungen an den Staat in gleichem Maße wachsen wie seine Schulden, ist es kompletter Unsinn zu behaupten, die Verschuldung des Staates belaste zukünftige Generationen, weil diese zwar zum einen immer die Schulden des Staates erben, von ihren Eltern zum anderen aber auch die Forderungen gegen den Staat. Folglich ändert sich durch staatliche Verschuldung die Vermögensposition zukünftiger Generationen niemals, das staatliche Schuldpapier ist lediglich eine langfristige Strategie des Staates, die den Versuch der heutigen Generation, zu sparen, erst möglich gemacht hat. Ganz gleich, wer konkret das staatliche Schuldpapier hält, also etwa Banken oder private Haushalte: Die zugehörige Vermögensposition ist immer vorhanden, und sie ist, trotz mancher heutiger Zweifel, immer noch die sicherste Art von Vermögensposition, die es gibt.

Man mag nun argumentieren, Staatsschulden seien immer schlechter als eine Verschuldung der Privaten, weil der Staat weniger effizient sei. Wenn also auch private Investoren als Gläubiger bereitstünden, solle der Staat nicht mit ihnen in Konkurrenz treten. Das ist durchaus in gewissen Grenzen richtig, obwohl die privaten Investoren immer eine staatliche Infrastruktur oder gut ausgebildete Arbeitskräfte brauchen, um erfolgreich wirtschaften zu können. Gleichwohl: Wenn die Privaten es weitgehend übernähmen, die Sachinvestitionen, die jede funktionierende Wirtschaft braucht, durchzuführen und damit die Versuche der privaten Haushalte, Ersparnisse zu bilden, in der Sache fundierten, könnte der Staat auch ohne Schulden auskommen.

Allerdings ist dieses einfache Bild eine Illusion, es ist der große unausgesprochene Mythos aller vehementen Verteidiger der freien Marktwirtschaft. Um halbwegs realistisch zu sein, muss man nämlich mit ins Bild nehmen, dass der Versuch der privaten Haushalte, Ersparnisse zu bilden, dem Versuch der Unternehmen, erfolgreich zu investieren, diametral entgegengerichtet ist. Und zwar aus einem ganz einfachen Grund: Wenn nicht sonst irgendwo auf der Welt jemand seine Ersparnisse reduziert, bedeuten mehr Ersparnisse der privaten Haushalte unmittelbar weniger Nachfrage für die Unternehmen. Hier müsste eigentlich jeder Mensch, der sich ernsthaft mit Ökonomie auseinandersetzen will, innehalten und grundsätzlich fragen, wie das gehen soll. Wie soll ein System funktionieren, in dem der entscheidende Link, der das System allein zukunftsfähig machen kann, also der Link zwischen Sparen und Investieren, im Lichte der gesamtwirtschaftlichen Logik so fragwürdig ist.

Sparen fördert das Investieren nicht. Das Gegenteil ist der Fall: Sparen behindert es sogar. Jeder Euro, der nicht von den Konsumenten an die Unternehmen (von denen Erstere ihre Euros ja in Form von Löhnen überwiegend bekommen haben) zurückfließt, stellt für Letztere einen Verlust dar. Man muss sich darüber im Klaren sein, dass sich hier das Schicksal der modernen Marktwirtschaft entscheidet: Indem sie sparen, wollen die einen etwas für ihre Zukunft in einer arbeitsteiligen Wirtschaft tun, für die Zeit also, in der sie ihren Lebensunterhalt selbst nicht mehr durch Arbeit finanzieren können, weshalb sie dann auf das Zusammenspiel aller angewiesen sind. Die anderen wollen vielleicht investieren, weil sie eine Gewinnchance sehen, doch der Wunsch der ersten Gruppe, ihre Zukunft zu sichern, behindert den Versuch der Investitionswilligen, das für die Zukunftssicherung Notwendige tatsächlich zu tun.

Die Aufhebung dieser Paradoxie heißt »Papiergeld«. Erst seit es gelungen ist, stabile, vertrauenswürdige Papiergeldsysteme durchzusetzen, kann man die Tendenz des Systems, seine Zukunftstauglichkeit durch den Versuch zu sparen zu zerstören, erfolgreich und systematisch überspielen. Papiergeld schafft nämlich sozusagen Ersatzersparnisse, die den großen Nachteil der richtigen Ersparnisse (also die Nachfrage nach Produkten zu dämpfen) gerade nicht aufweisen. Von Notenbanken aus dem Nichts geschaffenes Papiergeld ist das institutionalisierte Vertrauen in die Zukunft, das moderne Marktwirtschaften erst möglich, weil erfolgreich gemacht hat. Indem die Zentralbank diese Ersatzersparnisse schafft und zu einem niedrigen Zins den Banken und den Investoren zur Verfügung stellt, überwindet sie quasi die dem System inhärente deflationäre Tendenz durch eine künstlich geschaffene Wachstumsdynamik. Das klar erkannt zu haben, ist vor allem das Verdienst Joseph A. Schumpeters (vgl. Schumpeter 1934). Die von den Sparwünschen unabhängige Investition, die der Pionierunternehmer in der Hoffnung auf steigende Nachfrage für seine Produkte tätigt, schafft selbst die Dynamik auf der Angebots- und auf der Nachfrageseite, die das System am Laufen hält.

Bricht diese Dynamik jedoch ab, weil die Notenbank beispielsweise die Zinsen erhöht oder ein anderer Schock die Zukunftserwartungen verdüstert, kann der Unternehmer seine Funktion, das System zu stabilisieren, nicht mehr erfüllen, so dass er vorübergehend vom Staat ersetzt werden muss. Ein Staat, der dieser Aufgabe dann nicht gerecht wird, gefährdet die Marktwirtschaft, denn nur der Staat kann ein System stabilisieren, das instabil wird, weil die Privaten Sparen und Investieren nicht mehr in Wachstumsdynamik umsetzen können.

Ein Staat, der, wie das in der Eurokrise geschieht, seine Sparversuche mit dem »Vertrauensverlust der privaten Investoren in die Staaten« begründet, hat das System ganz fundamental missverstanden. Es gibt kein Vertrauen der Privaten, das gegen sinkende Nachfrage bei den Unternehmen das System stabilisieren könnte. Man weist den privaten Haushalten eine makroökonomische Stabilisierungsrolle zu, die ihrer mikroökonomischen Logik klar widerspricht. Der Name Brüning steht in Deutschland für eine Politik, die diesen zentralen Zusammenhang verkannt hat. Was derzeit in der Eurozone unter der Führung Deutschlands geschieht, hat das Potenzial, als der zweite große Irrtum dieser Art in die Geschichte einzugehen.

MYTHOS VII:

Alle müssen ohne Schulden auskommen

Ich habe diesen Mythos oben schon teilweise am Beispiel der schwäbischen Hausfrau abgehandelt. Er ist aber noch viel tiefer in unser aller Verständnis von Wirtschaft eingegraben, weil das Mantra des »Über-die-Verhältnisse-Leben« nicht nur für schlechtes privates Wirtschaften steht, sondern für schlechtes Wirtschaften im Verhältnis zur Natur und zur Begrenztheit der Erde überhaupt. An diesem Ende finden sich gerade bei den Grünen viele, die strikt gegen staatliches Schuldenmachen sind, weil sie jede Art von unsolidem Wirtschaften ablehnen.

Aber auch das ist ein Missverständnis, zumindest dann, wenn man, wie weite Teile der Grünen, den Eindruck erweckt, man könne unter Bedingungen des Nullwachstums dennoch eine funktionierende Marktwirtschaft *und* Investitionen in den Umweltschutz haben. Nullwachstum bedeutet aber Null-Ersparnisse und Null-Investitionen. Man kann das oben beschriebene Dilemma zwischen Ersparnissen und Investitionen nicht lösen, wenn man gleichzeitig alles tut, um die Dynamik der Investitionen zu brechen. Die bricht man aber, wenn man Wachstumsdynamik generell verhindern will. Marktwirtschaft ist wie ein Fahrrad: Bleibt sie stehen, kippt sie um.

Man kann allerdings die potenzielle Dynamik der Marktwirtschaft ohne Weiteres nutzen, um ökologische Ziele oder den gesamten Umbau des Produktionsapparates im Sinne ökologischen Wirtschaftens zu erreichen. Setzt man die richtigen Preissignale, zum Beispiel einen kontinuierlichen und stabilen Anstieg des Ölpreises (oder der Preise für fossile Energieträger insgesamt), werden sich die Investoren bei ansonsten guten Investitionsbedingungen in die richtige Richtung bewegen und (vermutlich effizienter als jedes zentral geplante System) Technologien entwickeln, die helfen, die individuellen Wünsche der Menschen und die ökologischen Notwendigkeiten des natürlichen Systems bestmöglich miteinander in Einklang bringen. Das wird aber mit Sicherheit dann nicht gelingen, wenn man den Ölpreis, wie das derzeit der Fall ist, der Spekulation an den Finanzmärkten überlässt.

MYTHOS VIII:

Die Notenbanken inflationieren die Wirtschaft, um die Staaten zu retten

Die immer neuen Goldpreis-Rekorde im Sommer 2011 haben gezeigt, wie viele Menschen einem populären Dogma anheimgefallen sind, für das es eigentlich keinerlei vernünftige Gründe gibt. Dieses Dogma ist der Monetarismus, die Lehre also, die sagt, Inflation sei immer die Folge von *zu viel* Geld. Das wird von vielen schon gar nicht mehr als Dogma wahrgenommen, weil man es für eine schlichte Tatsache hält. Dennoch ist die Begründung für diese Tatsache mehr als zweifelhaft. Sie beruht nämlich nur auf dem einfachen und nicht zu bestreitenden Zusammenhang, dass eine Inflation immer nur dann entstehen kann, wenn eine Zentralbank bereit ist, sie zu finanzieren. Diesen Satz kann man durchaus für richtig halten, aber was sagt er wirklich aus? Wenn man behauptete, die Ursache für zu schnelles Fahren und die Unfälle, die sich daraus ergeben, sei in der Tatsache begründet, dass man den Fahrern ein Auto zur Verfügung gestellt hat, wird das kaum ein vernünftiger Mensch akzeptieren. Er wird zwar zugegeben, dass die Existenz des Autos eine notwendige Bedingung für die Unfälle war. Aber er wird auch sagen, dass die Existenz eines Autos nicht zwingend zu einem Unfall führt, so dass es regelmäßig falsch oder zumindest irrelevant ist zu behaupten, es sei die Existenz des Autos gewesen, die für den Unfall verantwortlich war.

So ist es mit dem Geld und der Inflation. Geld ist die notwendige, aber keineswegs die hinreichende Bedingung. Selbst wenn der Satz über die Finanzierung von Inflation richtig ist, folgt daraus nicht, dass immer dann, wenn es in irgendeinem Sinn »viel Geld« gibt (»zu viel Geld« ist überhaupt keine sinnvolle Aussage, es ist eine Tautologie, also eine Aussage, die sich selbst bestätigt, weil sie nichts anderes zulässt, als den von ihr beschriebenen Zusammenhang), eine Inflation die Folge ist. Den Monetaristen ist es mit diesem semantischen Trick und dem Verstoß gegen einen zentralen Satz der Logik jedoch gelungen, der großen Mehrheit der Ökonomen und der Mehrzahl der normalen Bürger weiszumachen, man müsse einfach mehr Geld ins System geben, und schon spränge die Inflation hinter dem nächsten Busch hervor. Folglich wäre es für die Staaten ein Leichtes, mit ein wenig mehr Geld eine Inflation zu erzeugen, die dann die staatlichen Schulden automatisch verkleinert. Weit gefehlt. Japan hat genau das in den letzten zwanzig Jahren mit allen erdenklichen Mitteln versucht, und das Ergebnis ist: Deflation. In Europa versuchen alle Länder gerade, ihre Wirtschaftsprobleme über Lohnsenkungen zu lösen. Das Ergebnis wird Deflation sein, ganz gleich, wie viel Geld die Notenbanken gleichzeitig ins System pumpen.

Inflation hat jenseits des monetaristischen Dogmas genau zwei Ursachen bzw. eine Kombination aus beiden: hohe Nachfrage oder stark steigende Kosten. Beides können Zentralbanken initiieren, wenn es ihnen gelingt, die Konjunktur anzuregen und eine Situation stark steigender Nachfrage und stark steigender Löhne zu schaffen. Sind diese Bedingungen nicht erfüllt, gibt es keine Inflation. Und weil die Welt unglaublich weit weg ist von einer solchen Lage, sollte Inflation eigentlich kein Thema sein. Weil aber die herrschende Lehre der Ökonomen das Dogma der unabhängigen Zentralbank braucht, kann sie den populären Vorurteilen nicht entgegentreten, denn sie muss ja die Tatsache beklagen, dass die Zentralbank – wegen der unlösbaren wirtschaftlichen Probleme – in politische Abhängigkeit gerät. Und da passt die Inflationsgefahr besser als jedes andere Thema, selbst wenn sie keinerlei sachliche Grundlage hat.

MYTHOS IX:

Deutschland wird zum Zahlmeister Europas

Das Verständnis oder besser: das mangelnde Verständnis, das die Politik und das breite Publikum von einer modernen Marktwirtschaft haben, ist, wie oben schon ansatzweise erläutert, auch dem Euro zum Verhängnis geworden. In dem jetzt beginnenden letzten Akt des Dramas wird das mangelnde Verständnis der Bedingungen einer Geldwirtschaft dem Euro den Todesstoß versetzen – wenn nicht ein Wunder geschieht. Deutschland hat sich in seine vermeintliche Rolle als Zahlmeister für »faule« Südeuropäer inzwischen dermaßen hineingesteigert, dass nicht zu erkennen ist, wie man ohne gewaltigen wirtschaftlichen Schaden aus dieser Misere herauskommen will.

Der letzte Akt hat drei Szenen. In der ersten sehen die Deutschen die Rolle der europäischen Zentralbank als Stabilitätswächter unterhöhlt, weil diese der ganz normalen Aufgabe einer Notenbank nachkommt, nämlich der, »lender of last resort« zu sein. In der zweiten nimmt Deutschland seine eigene Solidität als gefährdet wahr, weil es »unsolide Staaten« unterstützen muss. In der dritten schließlich verlangt Deutschland von den anderen Ländern eine »Germanisierung« ihrer Wirtschaftspolitik, was scheitern muss, weil nur einer das grundlegende Missverständnis über die Bedeutung einer Währungsunion ausnutzen kann – und auch das nur einmal.

Gute deutsche Notenbanker verlassen die Europäische Zentralbank, die droht von einem Ort verlässlichen geldpolitischen Handelns im Sinne der Deutschen Bundesbank zu einem Hort unsoliden und am Ende inflationären Krisenmanagements zu werden. So klang es in vielen deutschen Medien, als nacheinander Axel Weber und Jürgen Stark in Frankfurt die Segel strichen, weil sie offenbar für ihre Position im Rat der EZB keine Mehrheit mehr finden konnten. Die Sachlage ist anders. Griechenland und alle übrigen Länder, die noch in Schwierigkeiten geraten könnten, haben als Mitglieder der Eurozone natürlich Anspruch darauf, dass ihnen die Europäische Zentralbank in einer Notlage mit direkten Interventionen in die Märkte und damit als *lender of last resort* zur Seite springt. Dass diese Selbstverständlichkeit in der EWU erst in einem schmerzhaften und für die Südeuropäer entwürdigenden politischen Prozess umgesetzt wurde, wird als ein großes Versagen der europäischen Institutionen in die Geschichte eingehen. Hätte man rechtzeitig interveniert, wäre der Zins niemals so hoch gestiegen, dass vor allem Griechenlands Glaubwürdigkeit im Hinblick auf die Chancen zur Konsolidierung von Anfang an als verloren gelten musste.

Aber schon lange vor der Rettung durch die Zentralbank fielen die Geier des Boulevards über das Land her, und viele Ökonomen sangen das Lied vom Bankrott, ohne zu wissen, was sie taten. In der geifernden Wut der Rechten über die »Griechen« und andere »Sünder« oder in der beleidigten Attitüde der Linken angesichts der »ungeschoren davonkommenden Gläubiger« ging allerdings ein einfacher Zusammenhang unter: Die Gläubiger von Staaten sind nämlich in der Regel eben gerade keine Spekulanten. Wer bis Oktober 2009 griechische Staatsanleihen kaufte, wollte sein Geld auf diesem Weg fest anlegen und hat auch keine extrem hohen Zinsen kassiert. Im Gegenteil: Er hat durch die bald einsetzenden Spekulationen bereits Geld verloren, weil der Wert seiner Anleihen deutlich gesunken ist.

Dass das nicht jeder Bürger weiß, ist allein der Unsitte zu verdanken, dass »moderne« Banken dem Publikum Staatsanleihen äußerst selten und äußerst ungern direkt anbieten und verkaufen. Stattdessen halten sie die Anleihen selbst und konstruieren – natürlich auf der Basis dieser Staatsanleihen –, »sichere« Produkte, die dann dem Publikum offeriert werden. Folglich sagt aber die Tatsache, dass bei Banken viele Staatsanleihen in den Büchern stehen, nichts darüber aus, wer bei einem Ausfall am Ende wirklich in Mitleidenschaft gezogen werden wird. In einer Situation, in der viele »Banken« wegen ihrer Kasinogeschäfte einmal mehr in Schwierigkeiten stecken, wäre der Ausfall auch nur eines Staates ein enormes Risiko und müsste – absurderweise – wiederum die Staaten als Retter auf den Plan rufen, wie das in der Tat in Brüssel Ende Oktober trotz der »freiwilligen« Beteiligung der Banken an der Rettung Griechenlands schon beschlossen wurde. Auch für die Bürger und Kleinsparer wäre der Ausfall ihres eigenen Staates ein gewaltiger Schock, der mit großer Sicherheit Panikreaktionen nach sich zöge, die wiederum eine staatliche oder überstaatliche Bankenrettung erforderlich machen würden.

Dass es für keinen Staat der Welt eine kurzfristige Überbrückungslösung geben kann, wenn die Zentralbank nicht in die Lage versetzt wird, ihre wichtigste Rolle zu spielen, muss in Deutschland erst noch gelernt werden. Wenn Deutschland das nicht lernt, ist die Eurozone nicht zu retten.

In der zweiten Szene, die mit der Verabschiedung des europäischen Rettungsschirmes durch den deutschen Bundestag begann, gerieren sich die Deutschen als Retter Europas, weil sie bereit sind, Milliardensummen zur Stabilisierung des Systems zur Verfügung zu stellen. »Bis hierhin und nicht weiter« (Horst Seehofer in der *Süddeutschen Zeitung* vom 30. September 2011) – so tönt die Begleitmusik der scheinbar heroischen Rettungstat. Auch das muss jedoch in den Untergang führen, weil ja der eigentlichen Ursache der Krise, den Ungleichgewichten bei der Wettbewerbsfähigkeit, kein Riegel vorgeschoben wird. Deutschland hilft zwar dabei, die durch die eigene Raserei entstandenen Wunden zu verbinden, denkt aber nicht im Traum daran, diese Raserei zu beenden.

Deutschland kann seine Rolle nicht ändern, weil sich die führenden Ökonomen und Politiker von Anfang an der Realität verweigert haben. Hätte man dem deutschen Volk schon 2008 erklärt, dass es zu Unrecht innerhalb der Währungsunion um Marktanteile gekämpft und die Partnerländer so in eine nicht zu lösende Zwangslage gebracht hat, wäre man in einer sehr viel besseren Ausgangssituation. Hätte man gesagt, ja, wir haben zu viel des Guten getan, wir haben versucht, den anderen mit Gewalt Güter auf Pump zu verkaufen, die niemals bezahlt werden können, dann hätte man im deutschen Volk ein gewisses Verständnis für die Notwendigkeit, den anderen zu helfen, schaffen können. Das wäre politische Führungskunst gewesen. Wer aber tagtäglich die primitivsten Vorurteile des Boulevards bedient, muss sich nicht wundern, dass er die Geister, die er rief, nicht mehr loswird. Wer kann heute noch erklären, dass das alles ein Irrtum war? Wer kann jetzt plötzlich sagen, unsere Politiker – in drei verschiedenen Regierungen – hätten es einfach nicht besser gewusst? Wer will glaubhaft machen, dass die deutsche Industrie in ihrer Hoffnung auf leichte Beute in der europäischen Währungsunion nicht wusste, dass früher oder später die Rechnung präsentiert werden würde?

In der dritten und letzten Szene betritt die Europäische Kommission (Ende September 2011) noch einmal mit Aplomb die Bühne und verkündet, eine solche Raserei wie die der Deutschen in Zukunft nicht mehr zulassen zu wollen. In der Tat nennt sie ihr Maßnahmenpaket großspurig »Sixpack«, vermutlich um Stärke zu suggerieren. Sie macht aber einen entscheidenden Fehler: Sie spricht nicht davon, den Kraftüberschuss, den Deutschland sich in den vergangenen zehn Jahren im Vergleich zu den anderen Ländern antrainiert hat, zu neutralisieren. Sie spricht nur über die Zukunft. Doch das genügt nicht. Die Lücke in der Wettbewerbsfähigkeit der einzelnen Länder muss vollständig beseitigt werden. Mit dieser schwärenden Wunde kann die Währungsunion nicht genesen, sie ist vielmehr weiterhin dem Untergang geweiht.

MYTHOS X:
»Weiter so« ist eine Option für Deutschland

Während Europa bebt und zaudert, tritt die Weltwirtschaft in eine neue Phase ein. Seit Sommer 2011 keimt die Erkenntnis, dass eine globale Rezession nicht mehr zu verhindern sein wird. Die Konjunktur stagniert, aber die Ökonomen und ihre medialen Multiplikatoren wollen den offensichtlichen Zusammenhang zwischen der Konjunktur und den Einkommenserwartungen der Menschen nicht sehen oder gar verstehen. In den USA, in Europa und in Japan stockt die Konjunktur, weil der private Konsum stockt, denn der ist für diese großen Wirtschaftsräume – anders als für ein kleines Land wie Deutschland – der einzige Motor, auf den man setzen kann. Der Konsum aber stockt, weil die Löhne nicht steigen. Die Löhne aber steigen nicht, weil die Arbeitslosigkeit hoch ist. Mit der katastrophalen Folge, dass die Arbeitslosigkeit hoch bleibt, weil sie hoch ist, und die neoklassische, neoliberale Lehre erlebt ihren finalen Widerspruch auf globaler Ebene: Weltweit ist die Arbeitslosigkeit gestiegen, obwohl die Löhne nicht gestiegen sind, und die Arbeitslosigkeit sinkt nicht, obwohl die Löhne sinken.

Das will die Mehrheit der Ökonomen nicht begreifen, weil es ihr Weltbild endgültig zum Einsturz bringen würde. Am deutlichsten ist der Bruch mit der Vergangenheit in den USA. Dort sind in den letzten zwanzig Jahren von Zyklus zu Zyklus die Löhne vom Tiefpunkt der Konjunktur weg weniger stark gestiegen. Seit dem Frühjahr dieses Jahres stagnieren sie nominal, und sie fallen, wenn man die Inflation berücksichtigt. Da auch die Beschäftigung nicht steigt, sinken die Realeinkommen des Großteils der Konsumenten, die wiederum mit Nachfragezurückhaltung reagieren. In Europa werden viele Länder gezwungen, das zu tun, was Deutschland getan hat, nämlich für stagnierende oder fallende Löhne zu sorgen; Japan hat in den letzten zwanzig Jahren überhaupt keine normalen Lohnsteigerungen mehr erlebt.

Da es für diese drei großen Wirtschaftsräume kein Exportventil auf dieser Welt gibt, das sie erlösen könnte, führen stagnierende private und schrumpfende öffentliche Nachfrage wegen staatlicher Konsolidierungsversuche zu einem Szenario, auf das die aufgeblasenen Finanzmärkte mit einer neuen Krise reagieren. Was als »Aufschwung« an den Finanzmärkten im Frühjahr 2009 begann, hätte von einem Aufschwung bei den Einkommen der Menschen unterlegt sein müssen, um dauerhaft Werte zu schaffen. Diesen Aufschwung aber gab es nicht, weil nach der ersten Anregung durch die Finanz- und Geldpolitik die Macht der Unternehmen verhindert hat, dass der durchschnittliche Verbraucher mit einer Verbesserung seiner Situation rechnen konnte.

Die Konsequenzen sind einfach und dramatisch zugleich: Begreift die Welt diesen Zusammenhang sehr bald und gelingt es, über eine staatlich koordinierte Lohnpolitik die Macht der Unternehmen zu brechen und die Voraussetzungen für positive Einkommenserwartungen wiederherzustellen, kann man auf die Rückkehr alter zyklischer Muster hoffen. Falls nicht, kann es Wachstum nur noch über neue staatliche Ankurbelungsprogramme geben. Schließt man diese aus, weil die »Märkte« und die Politik sich vor neuen staatlichen Schulden fürchten, ist das japanische Szenario der zwei in Stagnation und Deflation verlorenen Jahrzehnte das wahrscheinlichste Ergebnis. Die politischen Folgen einer solchen Entwicklung mag man sich nicht ausmalen.

Gerade in Deutschland hat kaum jemand zur Kenntnis genommen, wie fundamental sich das deutsche Wirtschaftsmodell seit Mitte der Neunziger verändert hat. In der Ära des deutschen Wirtschaftswunders der sechziger Jahre war, wie oben schon angedeutet, die Verteilung der Schulden und der Ersparnisse vollkommen anders als zuletzt. In den Sechzigern waren die Salden sowohl der anderen Länder als auch des Staates relativ ausgeglichen, während die privaten Haushalte auch damals einen nicht unerheblichen Teil ihres Einkommens sparten. Den Gegenposten zu den Ersparnissen der privaten Haushalte bildeten aber vor allem die Unternehmen, die sich in hohem Maße verschuldeten, zugleich aber sehr dynamisch investierten. Der Kontrast zur gegenwärtigen Situation könnte nicht größer sein. Seit 2002 sind die deutschen Unternehmen Nettosparer in Höhe von immerhin zwei Prozent des Bruttoinlandsproduktes.

Der Gegenposten dazu ist, insbesondere in der jüngsten Phase, das extrem stark gestiegene Defizit der anderen Länder. Gleichzeitig investieren die Unternehmen weniger als zu irgendeinem Zeitpunkt in den letzten fünf Jahrzehnten. Das ist ein Bruch der wirtschaftspolitischen Konzeption in einer nur historisch zu nennenden Dimension: In Deutschland wurde die Politik einer einseitigen Förderung der Unternehmensgewinne durch den Staat und durch die Tarifpartner (lange Zeit »Angebotspolitik« genannt) offenbar so weit getrieben, dass die Unternehmen sprichwörtlich nicht mehr wissen, wohin mit dem Geld, weshalb sie es nicht in Sachanlagen investieren, sondern zum Kapitalmarkt tragen, um es von Investmentbankern im globalen Spielkasino mehren zu lassen (vgl. Flassbeck/Spiecker 2011).

Die Mechanismen, über welche diese dramatische Saldenverschiebung gelaufen ist, waren ohne Zweifel die jahrelange Lohnzurückhaltung und die Steuersenkungen für Unternehmen. Für die deutschen Unternehmen brachte diese Strategie einen riesigen Zuwachs an Wettbewerbsfähigkeit, für die in der Europäischen Währungsunion vereinigten Länder einen riesigen Verlust. Es ist also genau das eingetreten, was keynesianisch ausgerichtete Ökonomen immer vorhergesagt haben: Man kann mit relativer Lohnsenkung den Nachbarn Marktanteile abjagen, wenn diese Abwertung über die Löhne nicht durch eine Aufwertung der Währung ausgeglichen wird. Man wusste aber gleichwohl, dass ein Land, das eine solche Strategie einschlägt, bei der Binnenkonjunktur mehr verliert, als es beim Export gewinnt.

Da die Unternehmen ihre exorbitanten Gewinne fast ausschließlich im Außenhandel erzielten, die inländische Nachfrage aber stagnierte, war die Auslastung der Kapazitäten insgesamt schwach, so dass sich Steigerungen der Sachinvestitionen im Inland sowie die damit verbundene Verschuldung des Unternehmenssektors nicht mehr in gleichem Maße wie früher rechneten und daher unterlassen wurden. Die jahrelang von Unternehmerseite beschworene, von Wirtschaftswissenschaftlern gestützte und von Wirtschaftspolitikern zur allgemeinen Handlungsanleitung gemachte These, Unternehmen müssten zuerst und über einen längeren Zeitraum satte Gewinne machen, bevor sie zu einer verstärkten Investitionstätigkeit bereit seien, hat sich als völlig haltlos herausgestellt. Das ist kein Wunder, denn die *conditiones sine quibus non* jeder Sachinvestition sind eine gute aktuelle Auslastung und positive Absatzaussichten.

Zudem ist der Exporterfolg nicht nachhaltig, weil die Nachbarn – vor allem in einer Währungsunion – irgendwann nicht mehr bereit oder in der Lage sind, ihre außenwirtschaftlichen Defizite weiter zu erhöhen. Diese Zeit der Abrechnung ist jetzt gekommen, da selbst Deutschland darauf drängt, die anderen müssten ihre Schulden abbauen und zu diesem Zweck ihre Löhne relativ oder sogar absolut senken. Das wird aber – an diesem Punkt ist die Logik unerbittlich – zulasten der deutschen Außenhandelsüberschüsse gehen, weil kein Akteur Marktanteile gewinnen kann, wenn alle anderen ihre behalten, genau wie niemand Defizite abbauen kann, wenn alle ihre Überschüsse verteidigen wollen. Die europäische Wirtschaft wird jedenfalls nicht im Handel mit Dritten, etwa den asiatischen Staaten, so hohe Überschüsse erzielen können, dass die europäischen Defizitländer ihre Schulden gegenüber ihren europäischen Partnern bezahlen können, denn diese Länder haben alle eigene Währungen, die sie nutzen werden, um sich einem solchen Wettbewerb nicht stellen zu müssen.

Das wiederum bedeutet zwingend, dass Deutschland zu einem Wirtschaftsmodell zurückkehren muss, das darauf beruht, dass sich die Unternehmen verschulden, weil sie in der Erwartung kräftig steigender Nachfrage Gewinne erwarten, und nicht, weil sie, ohne eine positive Nachfrageperspektive, die Taschen voller Gewinne haben. Das wiederum läuft ebenfalls darauf hinaus, dass die Löhne in Deutschland kräftig steigen müssen – und zwar nicht nur für ein Jahr, sondern über viele Jahre, nämlich genau so lange, bis die anderen Länder ihre unhaltbare Situation überwunden und die Unternehmen im deutschen Binnenmarkt wieder Mut zum Investieren gefasst haben. Zudem muss der Staat seine Steuerpolitik radikal ändern und die Unternehmen mindestens in gleichem Maße wie Privatpersonen an der Finanzierung der gesellschaftlichen Aufgaben beteiligen.

SCHLUSSWORT
Ökonomische Krisen und ihre politischen Folgen

Die Ökonomen haben eine Welt geschaffen, die sie nicht verstehen

Seit wir Menschen von den Bäumen hinuntergeklettert sind, versuchen wir, die Welt, die uns umgibt, zu verstehen. Was die Deutung der Natur anbelangt, sind wir dabei ein gutes Stück vorangekommen. Wir haben uns von alten Mythen gelöst und uns eine wissenschaftliche Sicht auf die Dinge angeeignet, die der Rationalität und der Logik den Vorrang vor Glauben und Gefühlen einräumt. Gerade der konsequente Einsatz der Logik hat sich als überlegen erwiesen, wo es um das Verstehen der Welt und die optimale Anpassung an deren sich permanent wandelnde Gegebenheiten geht. Nur wer über das Mittel der Logik verfügt, kann aus beliebig vielen nichtssagenden oder sich widersprechenden Aussagen über die Welt diejenigen herausfiltern, die aussagekräftig, weil widerspruchsfrei und empirisch überprüfbar sind.

Der entscheidende Schritt zur Erkenntnis ist tatsächlich das Erkennen von Zusammenhängen, die sich mit einer gewissen Stabilität in der Wirklichkeit beobachten lassen und schließlich preisgeben, warum sie existieren. Dass der Apfel regelmäßig vom Ast auf den Boden fällt, anstatt in den Himmel zu fliegen, ist lediglich der erste kleine Schritt auf dem Weg zu weiteren tragfähigen Schlussfolgerungen. Erst die folgenden Schritte – die Entdeckung der Kraft, die den Apfel bewegt, unsere Fähigkeit, die Existenz dieser Kraft zu beweisen, so dass andere Erklärungen eliminiert werden können – schaffen wirkliche Erkenntnis.

In der so genannten Wissenschaft von der Ökonomie ist das anders. Hier wird der Versuch, zur Erkenntnis zu gelangen, immer wieder und immer wieder erfolgreich von Glauben, von Ideologie und von reiner Interessenvertretung überlagert. Das Phänomen, dass sich Interessenverbände und an bestimmten Ergebnissen interessierte Unternehmen Wissenschaftler »halten«, die nichts anderes tun, als die Ergebnisse seriöser Forschung infrage zu stellen oder durch eigene »Forschung« zu konterkarieren, gibt es auch in anderen, stärker naturwissenschaftlich ausgerichteten Bereichen wie der Chemie. Was in anderen Bereichen allerdings fehlt, ist der »vorauseilende Gehorsam«, den auch unabhängig arbeitende Ökonomen an den Tag legen, wenn es um die Frage Markt vs. Staat geht. Die Mehrzahl der Ökonomen wird leider nicht zu Sozialwissenschaftlern ausgebildet, sondern zu Technikern, deren einzige Aufgabe im Verständnis des anscheinend perfekten Marktes und der Verteidigung desselben besteht. Es ist – und ich habe dies bereits vor Jahren dargelegt (Flassbeck 2004) – eher ein Glasperlenspiel als eine Wissenschaft. Und in diesem Spiel geht es allein und ausschließlich um die Verbesserung des Spiels selbst, nicht um Erkenntnis im Sinne einer besseren Deutung der Welt (vgl. dazu Kay 2011 und die Replik von Davidson). Da sich aber nur wirkliche Erkenntnis in erfolgreiches wirtschaftspolitisches Handeln übersetzen lässt, wären die Politiker selbst dann in fast allen Fragen ohne seriösen Rat, wenn sie überhaupt verstehen würden, wie dringend sie ihn brauchen.

So haben wir eine wirtschaftliche Welt entstehen lassen, die auf einigen wenigen Vorurteilen aufgebaut ist wie etwa dem, dass der Markt fast alles besser kann. Diese Welt bräuchte eigentlich eine ungeheuer komplexe Regulierung, um halbwegs zu funktionieren. Bemühungen, zu einer solchen umfassenden Regulierung zu kommen, gibt es allerdings nicht, weil die herrschende Meinung in der Volkswirtschaftslehre und in der Politik fest daran glaubt, der Markt oder die Märkte würden es schon richten. Die Folgen sind dramatisch. Die Weltwirtschaft taumelt von Krise zu Krise, und die Ratschläge, die den Politikern von den »Experten« erteilt werden, sind chaotisch, sie widersprechen sich in fast jeder Facette. Die Finanzmärkte haben zwar das Kommando übernommen, wissen aber auch nicht so recht, wozu sie es nutzen sollen, außer natürlich, um die eigenen Pfründe zu sichern. Das macht die nächste Krise unausweichlich.

Die Politiker, angeführt von Juristen, dilettieren

Weil die Ökonomen ein so vielstimmiger Chor sind, gehen die Politiker, angeführt von einer Heerschar von Juristen, dazu über, sich ihre eigene wirtschaftliche Welt zu stricken. In dieser regiert das Verfahren über die Sache und das einzelwirtschaftliche Denken, also das Denken in den Kategorien eines Privathaushalts, triumphiert über die Berücksichtigung gesamtwirtschaftlicher Zusammenhänge. So wurde die Eurokrise zu einer Krise umgedeutet, in der sich einige »Sünderstaaten« etwas zu Schulden haben kommen lassen (Völlerei und ausschweifendes Leben), weshalb sie nun von braven, fleißigen Richterstaaten abgeurteilt werden müssen. Auf diese Weise wurden die *Schuldner* von vornherein zu *Schuldigen* erklärt, wobei man glaubte, über die relevanten Zusammenhänge erst gar nicht sprechen zu müssen.

Einzelwirtschaftlich gesehen, spricht in der Tat einiges dafür, dass derjenige, der hoch verschuldet ist und keinen Kredit mehr am Markt erhält, sich falsch verhalten hat und sanktioniert werden muss. Gesamtwirtschaftlich gesehen, spricht nichts dafür. Hier gibt es keine einfache Kausalität, weil das, was als »zu hohe Verschuldung« erscheint, selbst bereits das Resultat eines hochkomplexen Prozesses ist, in dem viele Einzelakteure und einige Sektoren zusammenwirken. In diesem Prozess geht es vor allem darum, einen Sektor (inklusive des Auslandes) zu finden, der bereit ist, sich zu verschulden, um zu investieren, und so die von den privaten Haushalten geplanten Ersparnisse zu rechtfertigen. Wenn beispielsweise ein Land wie Deutschland eine aggressive Politik zur Verbesserung seiner Wettbewerbsfähigkeit betreibt, werden andere Länder in die Verschuldung getrieben, weil viele einzelne Akteure in diesen Ländern deutsche Produkte auf Pump kaufen. Im ersten Halbjahr 2011 betrug der deutsche Überschuss im Handel mit den Ländern der Währungsunion immer noch 37 Milliarden Euro, was zugleich neue Kredite in dieser Höhe bedeutet. Frankreichs Defizit lag bei 18 Milliarden, das italienische bei sechs Milliarden und selbst Griechenland lag mit 1,8 Milliarden im Debit. Selbst wenn jeder dieser Käufe auf Pump vollkommen seriös und wirtschaftlich gerechtfertigt ist, kann das Ergebnis für das sich verschuldende Land katastrophal sein. Es ist einer schleichenden Erosion seiner Wirtschaftskraft ausgesetzt, deren fatale Folgen sich, wie bei der geologischen Erosion auch, erst zeigen, wenn der große Regen in Form einer Finanzkrise kommt. In einer solchen Krise werden nämlich von den Anlegern alle bestehenden Investitionen einer Neubewertung unterzogen und riskante Anlagen werden dann von vornherein weitgehend gemieden. Die A-priori-Verurteilung der Schuldner hat fatale Auswirkungen auf das Zusammenleben der Nationen. Zum einen werden die Schuldner in Zukunft jeder Form der internationalen Zusammenarbeit skeptisch bis ablehnend gegenüberstehen, weil sie zu Recht den Eindruck haben, ihnen werde von außen ein durch nichts gerechtfertigtes Diktat aufgezwungen, das ihre Souveränität beschädigt und sie in eine neoliberale Programmatik zwingt (dies geschieht meist über die berühmt-berüchtigte »conditionality« des IWF, die vorwiegend aus der »Flexibilisierung« und Öffnung aller Märkte besteht). Dadurch werden die politischen Systeme der Schuldnerstaaten auf eine unerträgliche und auf Dauer tatsächlich untragbare Weise überspannt. Der in allen Fällen geforderte Abbau der Staatsdefizite zieht natürlich gerade die Teile der Bevölkerung in Mitleidenschaft, die solche Einschnitte am wenigstens verkraften können. Die Löhne der Staatsbediensteten werden gekürzt, weil man nur da direkten Zugriff hat. Sektoren, die dem internationalen Wettbewerb gar nicht ausgesetzt sind, werden liberalisiert (die Strom- und Energiewirtschaft in Argentinien z. B.), Branchen, die noch dem Staat gehören, werden privatisiert. Das alles steht jedoch in keinerlei Zusammenhang mit den Ursachen der Krise und wird verständlicherweise von den Betroffenen als reine Willkür empfunden. Auf diese Weise wurden in den achtziger und neunziger Jahren fast alle Bevölkerungen Lateinamerikas zu entschiedenen Gegnern des Internationalen Währungsfonds (IWF), die Menschen wählten dort systematisch linke Regierungen, um sich diesem Diktat zu entziehen.

Das alles ist nicht neu und vielfach aufgearbeitet worden, sogar vom IWF selbst. Die europäischen Politiker hat das jedoch nicht gehindert, sich mit Verve auf genau jene Programmatik zu stürzen, mit welcher der IWF zuvor so häufig gescheitert ist. Wie kann es sein, dass die politischen Führungskräfte eines ganzen Kontinents, Akteure, die seit Jahr und Tag im Währungsfonds die Verantwortung tragen, nun in ihrer eigenen Region die gleichen Fehler machen, die diese Organisation – vor der aktuellen Krise – an den Rand der Bedeutungslosigkeit geführt haben? Nun, so etwas kann nur dann geschehen, wenn man bewusst auch die eigene Region ins Chaos treiben will, um als endgültiger Sieger aus dem Wettkampf der Nationen hervorzugehen – oder wenn man wirklich nicht verstanden hat, was tatsächlich passiert ist, und wenn einem die ideologische Offenheit fehlt, um es überhaupt verstehen zu können. Ich neige der zweiten Erklärung zu.

Die Menschen verzweifeln an der Globalisierung, und die Demokratie ist in höchstem Maße gefährdet

An diesem zwischenstaatlichen Versagen kann man unmittelbar erkennen, dass es nicht nur der direkte Druck der Lobbyisten ist, welcher die Politik systematisch und immer wieder auf die falsche Spur bringt. In diesen zwischenstaatlichen Beziehungen gibt es ja kaum direkte Geschäftsvorteile, die durch eine neoliberale Agenda der Gläubiger befördert würden. Privatisierung ist sicher eines der Felder, auf dem multinationale Unternehmen massive Interessen haben. Die Kürzung staatlicher Leistungen für die Ärmsten hingegen, und zwar bis zu dem Punkt, an dem die Wirtschaft des Schuldnerlandes in die Knie geht, kommt ja auch den Unternehmen nicht zugute. Werden schließlich – wie in Lateinamerika – im Gefolge der überzogenen neoliberalen Agenda linke Regierungen gewählt, hätten die Lobbyisten genau das Gegenteil dessen erreicht, was sie anstreben.

Nein, es ist das mangelnde Verständnis des komplexen Systems der globalen Ökonomie, das bis weit in die Linke hinein das permanente Versagen der Politik erklärt. Wir haben nicht die Politiker, die Politik in der globalen Ökonomie machen könnten, und wir haben nicht die Ökonomen, die in der Lage wären, ein Design für diese globale Ökonomie zu entwerfen. So wurschtelt sich die Weltwirtschaft in die Zukunft, von globalen und regionalen Krisen immer wieder überraschend getroffen wie von schweren Meteoriten aus dem Weltall. Auf der Strecke bleiben die einfachen Menschen – und am Ende die Demokratie.

Wenn die globalisierte Wirtschaft nur noch als ein System verstanden wird, das einigen unglaublichen Reichtum und dem großen Rest im besten Fall Stagnation oder ein kümmerliches Auskommen bietet, ist die Demokratie in Gefahr. Demokratie bedeutet in den Augen der meisten Menschen nicht allein, dass sie alle vier Jahre wählen dürfen und dazwischen ertragen müssen, was die neoliberale Agenda ihnen abverlangt. Spätestens seit der Finanzkrise 2008 haben viele verstanden, dass die Hoffnung auf ein Ende der Euphorie an den Finanzmärkten und darauf, dass der Reichtum einiger weniger schließlich auch ihnen nutzen würde, eine große Illusion war. Die zweite Krise, die gerade beginnt, wird ihnen nun auch noch die Hoffnung nehmen, wenigstens der demokratische Staat sei in der Lage, die Dinge in die richtige Richtung zu lenken. Aber was dann?

Dann ist das Tor weit offen für Rattenfänger aller Art. Vor allem solche aber werden erfolgreich sein, die aus einem Scheitern der Globalisierung Kapital zu schlagen versuchen. Denn was kommt nach der Ära der Globalisierung? Die sozusagen natürliche Antwort wäre die Rückbesinnung auf den Nationalstaat. Das müsste nicht schlecht sein, wenn es einfache, tolerante Wege gäbe, die globalisierte Welt ein Stück weit zu renationalisieren und sie auf diese Weise politisch wieder besser handhabbar zu machen. Doch solche einfachen, toleranten Wege kann es nicht geben in einer Welt, in der sehr viele Menschen ihre Heimat verlassen und ihr Schicksal auf die globalisierte Wirtschaft verwettet haben. In der Hoffnung, ihnen würde wegen des wirtschaftlichen Erfolges aller Bevölkerungsteile am Ende die Anerkennung als gleichberechtigte Bürger nicht verweigert, sind sie aus ihren Heimatländern ausgewandert und drohen so zu den eigentlichen Opfern des Versagens der internationalen Koordination zu werden.

Wenn die Zeichen, die in Europa und in den USA an der Wand stehen, nicht trügen, werden die neuen rechten Bewegungen, die überall wie Pilze aus dem Boden schießen, nicht dabei bleiben, die aktuelle Form der Globalisierung für alle Sorgen der Menschen verantwortlich zu machen. Sie werden einen oder mehrere Schritte weiter gehen und die »Anderen« zu Schuldigen erklären. So, wie das politische Europa sich über die Zeit rettet, indem es »Schuldige« ausmacht und an den Pranger stellt, so werden sie die »Ausländer« und die ausländischen Einflüsse verantwortlich machen, und viele Menschen werden ihnen folgen, weil sie zu Recht nicht einsehen, weshalb sie persönlich eine Mitschuld am großen Scheitern tragen sollen. Zwar wird auch die populistische Strategie der Rechten die Welt ökonomisch nicht erfolgreicher machen, weil ein Nationalstaat, der eine ungeeignete Theorie anwendet, ökonomisch ebenso wenig einen Fuß auf die Erde bekommt wie die globale Wirtschaft. Ob die Demokratie das alles überlebt, ist aber eine offene Frage.

In hundert Jahren wird man nach Erklärungen für das politische und ökonomische Scheitern am Beginn des 21. Jahrhunderts suchen. Man wird sagen, der mangelnde politische Wille, eine globalisierte Wirtschaft mit vereinten Kräften zu steuern, sei die wichtigste Ursache gewesen. Dass es unsere mangelnde Fähigkeit gewesen sein könnte, komplexe wirtschaftliche Zusammenhänge zu verstehen, und unsere mangelnde Bereitschaft, sie unideologisch in Politik umzusetzen, wird einmal mehr – wie schon im Hinblick auf die Situation zu Beginn des letzten Jahrhunderts – niemand glauben. Die Historiker werden nach Fakten suchen, nicht nach fehlenden Ideen. So bleibt die Hoffnung auf eine neue kritische Generation, die sich nicht mit Phrasen abspeisen lässt, sondern den Dingen ohne Kompromisse und mit der dem Menschen gegebenen Fähigkeit zu logischem Denken auf den Grund zu gehen versucht. Vielleicht haben wir ihre Anfänge auf dem Tahrir-Platz in Kairo, im Zuccotti Park von New York und auf der Plaza Italia in Santiago de Chile schon gesehen.

Ich will an dieser Stelle nicht versuchen darzulegen, welche konkreten Vorschläge aus meinen Überlegungen folgen. Das habe ich an anderer Stelle im Detail getan, ohne dass diese Vorschläge in der nötigen Breite aufgegriffen worden wären. Es geht heute vielmehr darum, innezuhalten, den Zeitdruck und die Hysterie herauszunehmen, um sich zunächst einmal klarzumachen, was eigentlich passiert. Es geht zuallererst um die richtige Diagnose der Probleme des Wirtschaftssystems, in dem wir leben. Es geht in einem zweiten Schritt aber auch darum, zu erkennen, dass »die Wirtschaft« bzw. »der Kapitalismus« bzw. »die Laissez-faire-Ökonomie« nur Instrumente sein dürfen, die die Gesellschaft einsetzt, um ihre Bedürfnisse zu befriedigen. Daraus folgt, dass auch »der Kapitalismus« uns, das heißt der Gesellschaft, gehört. Und wenn wir erkennen, dass wir ihn nicht beherrschen und er in einer bestimmten Form mehr schadet als nutzt, dann kann man ihn selbstverständlich im Interesse der Allgemeinheit ändern – jedenfalls, solange die Demokratie noch besteht und die Mehrheit der Menschen es will.

Knapp sind nicht die Lösungsvorschläge, sondern die Bereitschaft bei allzu vielen und allzu Mächtigen, sich von ihren Interessen und ihren alten Erkenntnissen zu lösen, um dem Diskurs, der offenen Diskussion in einer offenen Gesellschaft, eine wirkliche Chance zu geben.

Endnoten

1 Diese sind: Lateinamerikanische Währungs- und Schuldenkrise Anfang der achtziger Jahre, globale Börsenkrise 1987, Europäische Währungskrise 1992, Mexikanische Währungskrise 1994, Asiatische Währungskrise 1997, Russische und Lateinamerikanische Währungskrise 1999, globale Börsenkrise 2001, Argentinische Währungskrise 2002, globale, von den USA ausgehende Finanzkrise 2008.

2 So sagte der deutsche Finanzminister Wolfgang Schäuble in einem Interview mit der ARD-Sendung *Plusminus* am 1. September 2011:»Eigentlich ist es unter Ökonomen weltweit unbestritten, dass eine der Hauptursachen – wenn nicht sogar die Hauptursache – der Krise – nicht nur jetzt, sondern schon 2008, die zu hohe Verschuldung der öffentlichen Haushalte auf der ganzen Welt ist.« (Zitiert nach Berger 2011; vgl. dazu auch UNCTAD 2011).

3 Vgl. zu ausführlicheren Erklärungen dieser Sachverhalte Flassbeck/Spiecker 2007 und 2011.

4 So sagte der damals gerade ernannte Bundesbankpräsident Jens Weidmann in der *Süddeutschen Zeitung* vom 14. Juni 2011:»Die aktuelle Krise ist keine Krise des Euro. Es handelt sich um eine Staatsschuldenkrise einzelner kleiner Länder im Euroraum, die nicht zuletzt durch die Missachtung der Regeln entstanden ist.«

5 Zwar gibt es nur für wenige Länder Stundenzahlen, aber eine Vergleichsrechnung zeigt, dass die Verwendung von Kopfzahlen die Relationen zwischen Produktivität und Löhnen, die für die Lohnstückkosten entscheidend sind, recht gut wiedergibt.

6 Selbst die sich als Schlachtschiff der deutschen Intellektuellen verstehende Wochenzeitung *Die Zeit* schafft es, zum Auftakt einer Serie über den Kapitalismus die Schulden des Staates als eine Art Wohlstandsvernichtungsmaschine darzustellen (vgl. Uchatius 2011). Der Autor vergleicht die Wertschöpfung der deutschen Wirtschaft über einige Jahre mit der in dieser Zeit zusätzlich entstandenen Staatsverschuldung (ohne auch nur zu erwähnen, dass den Schulden des Staates selbstverständlich Forderungen eines anderen Wirtschaftssubjektes in genau gleicher Höhe gegenüberstehen). Weil die Zahlen in etwa gleich groß sind, folgert er, die Wirtschaft habe netto eigentlich gar keine Werte geschaffen, dafür aber Schulden. Man muss sich diesen Gedanken an einem praktischen Beispiel vor Augen führen: Eine Person will ein Haus bauen, hat aber kein Geld. Also leiht sie sich das Geld von ihrem Nachbarn, der es gespart hat. Verrechnet man den Wert des Hauses mit den Schulden, war die Investition nach der Logik des *Zeit*-Autors sinnlos. Ein extremes Beispiel für die derzeit grassierende Konfusion, aber beileibe kein Einzelfall. Es zeigt, dass wir begreifen müssen, dass man auf einer solchen intellektuellen Basis ein hochkomplexes System weder aufbauen noch steuern kann.

Literatur

Berger, Jens (2011), »Die Eurokrise in Zahlen. Wie Musterschüler zu Problemkindern wurden«, auf: www.nachdenkseiten.de (1. September), online verfügbar unter: {http://www.nachdenkseiten.de/?p=10585} (Stand: November 2011).

Davidson, Paul (2011), »A response to John Kay« (6. Oktober), online verfügbar unter: {http://ineteconomics.org/sites/inet.civicactions.net/files/david son-response-v10.pdf} (Stand: November 2011).

Flassbeck, Heiner (1997), »Und die Spielregeln für die Lohnpolitik in einer Währungsunion?«, in: *Frankfurter Rundschau* (31. Oktober 1997), S. 12.

Flassbeck, Heiner (2004), »Glasperlenspiel oder Ökonomie – Der Niedergang der Wirtschaftswissenschaften«, in: *Blätter für deutsche und internationale Politik* 9/2004, S. 1071-1079.

Flassbeck, Heiner (2009), *Gescheitert – Warum die Politik vor der Wirtschaft kapituliert*, Frankfurt am Main: Westend Verlag.

Flassbeck, Heiner (2010), *Die Marktwirtschaft des 21. Jahrhunderts*, Frankfurt am Main: Westend Verlag.

Flassbeck, Heiner/Friederike Spiecker (2005), »Die deutsche Lohnpolitik sprengt die Europäische Währungsunion«, in: *WSI-Mitteilungen* 58/12, S. 707-713.

Flassbeck, Heiner/Friederike Spiecker (2007), *Das Ende der Massenarbeitslosigkeit*, Frankfurt am Main: Westend Verlag.

Flassbeck, Heiner/Friederike Spiecker (2011), »Der Staat als Schuldner – Quadratur des Bösen?«, in: *Wirtschaftsdienst* 91/7, S. 472-480.

Kay, John (2011), »The map is not the territory. An essay on the state of economics« (4. Oktober), online verfügbar unter: {http://ineteconomics.org/blog/inet/john-kay-map-not-territory-essay-state-economics} (Stand: November 2011).

Müller, Albrecht (2011), »Deutsche Bank als Stichwortgeber für EU-Kommissar Rehn – zum Schaden des Euro und unseres Landes«, auf: www.nachdenkseiten.de (9. November 2011), online verfügbar unter: {http://www.nachdenkseiten.de/wp-print.php?p=11241} (Stand: November 2011).

Schumpeter, Joseph (1934), *Theorie der wirtschaftlichen Entwicklung*, unveränderter Nachdruck, 9. Auflage, Berlin: Duncker & Humblot.

Uchatius, Wolfgang (2011), »Kapitalismus in der Reichtumsfalle«, in: *Die Zeit* (10. November), S. 23 f.

UNCTAD (2011), *Trade and Development Report. Post-Crisis Policy Challenges in the World Economy*, Genf/New York, online verfügbar unter: {http://www.unctad.org/en/docs/tdr2011_en.pdf} (Stand: November 2011).

Weidmann, Jens (2011), »Die Notenbanken übernehmen keine weiteren Risiken«, in: *Süddeutsche Zeitung* (14. Juni), S. 18.